LUIZ FERNANDO VALLADÃO NOGUEIRA

RECURSO ESPECIAL NO CPC

Doutrina, Prática e Jurisprudência

5ª edição

LUIZ FERNANDO VALLADÃO NOGUEIRA
Advogado. Procurador do Município de Belo Horizonte.
Membro efetivo e Diretor Adjunto do Instituto dos Advogados de Minas Gerais.
Professor de Curso EAD / Faculdade Arnaldo Janssen "Recursos e Procedimentos nos Tribunais".

RECURSO ESPECIAL NO CPC

Doutrina, Prática e Jurisprudência

5ª edição

Del Rey editora

Belo Horizonte
2019

Impresso no Brasil | Printed in Brazil
EDITORIAL DEL REY LTDA

www.editoradelrey.com.br

Editor: Arnaldo Oliveira

Editor Adjunto: Ricardo A. Malheiros Fiuza (*in memoriam*)

Diagramação / Capa: Alfstudio

Revisão: Responsabilidade do autor

EDITORA
Rua dos Goitacazes, 71 – Lojas 20 a 24
Centro - Belo Horizonte-MG – CEP 30190-909
Comercial:
Tel.: (31) 3284-3284 | 2516-3340
vendas@editoradelrey.com.br
Editorial:
editorial@editoradelrey.com.br

N778r

Nogueira, Luiz Fernando Valladão, 1965-
Recurso especial no CPC – Doutrina, prática e jurisprudência / Luiz Fernando Valladão Nogueira. — 5. ed. — Belo Horizonte: Del Rey, 2019.

xvi, 198 p. — Inclui bibliografia.

ISBN: 978-85-384-0565-8

1. Processo civil – Brasil 2. Recursos (Direito) – Brasil 3. Recurso especial – Brasil I. Título

CDU (1976) 347.9(81)

Ficha catalográfica elaborada bibliotecário Junio Martins Lourenço CRB 6/3167.

A minha homenagem especial à advocacia, verdadeira paixão transmitida pelo meu pai, Marcio Nogueira.

SUMÁRIO

PREFÁCIO À 1ª EDIÇÃO

Recurso Especial, de Luiz Fernando Valladão Nogueira, é uma obra jurídica que vem agregar novos elementos ao estudo de matéria cuja assimilação é de vital importância para o advogado, na medida em que propicia à parte a abertura do excepcional caminho de acesso ao Superior Tribunal de Justiça, com intuito de obter novo pronunciamento acerca de decisões firmadas em tribunais estaduais e regionais que lhe sejam eventualmente desfavoráveis.

A Constituição Federal reservou ao Superior Tribunal de Justiça a prerrogativa indeclinável de zelar pela autoridade, eficácia e uniformidade do direito positivo federal, razão por que, no exercício desse mister, cabe a ele a última palavra no que se refere à interpretação das normas infraconstitucionais. Entretanto, para que se possa viabilizar a intervenção especial do STJ, cumpre seja rigorosamente observada pelos advogados toda uma série de requisitos jurídico-procedimentais que permeiam a interposição do recurso, requisitos que têm a finalidade de conter o inconformismo da parte nos limites fixados no artigo 105, inciso III, da CF.

A perfeita intelecção do instituto, de detalhes quase que imperceptíveis para aqueles que não estão com ele devidamente familiarizados e cuja inobservância tem quase sempre o efeito de levar ao não conhecimento do apelo, ocasionando graves prejuízos para a parte, constitui diferencial jurídico que inegavelmente irá agregar prestígio e eficiência ao profissional da advocacia.

Exemplo claro das particularidades do recurso especial são os casos em que a discussão do direito material reivindicado pela parte se exaure nas instâncias ordinárias apenas porque não cuidou o advogado de provocar a Corte de origem a apreciar a matéria de seu interesse sob determinada ótica jurídica. São as conhecidas situações de não-conhecimento do apelo por falta de prequestionamento do dispositivo legal veiculado no recurso.

Outras vezes, o não conhecimento decorre da natureza fática das premissas que fundamentaram o inconformismo da parte, circunstância que, tal como ocorre com a anterior, tem o condão de inviabilizar a especial intervenção do STJ, na medida em que desnatura o exame de pretensa violação de lei federal.

São igualmente inúmeras as situações em que o advogado, nos casos de interposição do recurso com base na alínea "c" do permissivo constitucional, deixa de promover a demonstração correta do dissídio pretoriano, limitando-se a uma análise superficial e genérica das questões tratadas nos acórdãos confrontados.

Todos esses aspectos processuais são abordados de maneira extremamente didática na presente obra jurídica do Dr. Luiz Fernando, que, com a autoridade e experiência adquiridas ao longo de sua brilhante carreira de advogado, vem nos brindar com um trabalho sério e eficiente sobre a sistemática do recurso especial, seja no que diz respeito à parte doutrinária do instituto, seja no tocante a seus aspectos práticos, cuja assimilação é indispensável para o perfeito funcionamento do mecanismo processual que lhe dá sustentação.

João Otávio de Noronha
Ministro do Superior Tribunal de Justiça

NOTA DO AUTOR À 5ª EDIÇÃO

Com o advento da Lei 13.105/2015, a qual consubstanciou o novo Código de Processo Civil, vários princípios passaram a merecer destaque acentuado. E o legislador, além de adotá-los expressamente na Parte Geral do código, deu-lhes concretude em diversas disposições posteriores.

Assim é que se justifica pontuar dois princípios: o da primazia do mérito e o da estabilização da jurisprudência. Com efeito, o código tem verdadeira obsessão pelo atingimento do mérito, sendo criticável a posição do magistrado ou tribunal que encerra o processo por obstáculos meramente formais ou, pelas mesmas razões, deixa de conhecer de recurso. Na outra ponta, os tribunais, movidos pelo aludido princípio que propõe a estabilização da jurisprudência, deverão uniformizar seus posicionamentos, sendo que terão mecanismos para dar força vinculativa às suas decisões uniformizadoras, atingindo instâncias sujeitas à sua jurisdição.

No que concerne à primazia do mérito, o código, em relação aos recursos, não deixou dúvidas: só não será conhecido o recurso, se o obstáculo for intransponível; no mais, consoante clara dicção do art. 932, parágrafo único, deverá o tribunal permitir a correção do vício ou a complementação da documentação exigível. Pode-se ir além e afirmar que essa proposição do legislador também é programática, ou seja, o tribunal deverá privilegiar, em havendo alternativas exegéticas acerca do conhecimento do recurso, aquela que aponta ao resultado positivo. Sim, os pressupostos de admissibilidade dos recursos, embora essenciais para a segurança e isonomia processuais, não podem se transformar em armadilhas que impeçam a solução do mérito. E – vale lembrar – apenas o desate do mérito é capaz de trazer paz social, sendo que o contrário estimula os conflitos e traz descrédito ao Judiciário.

O recurso especial, tema do presente trabalho, não foi tratado de forma diferente. De uma só vez, como se verá adiante, o legislador sepultou a insuportável *jurisprudência defensiva*, ao permitir correções de vícios em recursos especiais que não sejam graves, exceto aquele que conduza à intempestividade (art. 1.028, §3º, NCPC). Isso significa que o Superior Tribunal de Justiça deverá conhecer de recursos reveladores de teses jurídicas relevantes, e não fugir do exame meritório por razões secundárias de ordem formal. Na mesma toada, houve mudança de norte quanto ao pressuposto recursal do prequestionamento, o qual exige que o tribunal recorrido examine expressamente a matéria que se quer levar ao Superior Tribunal de Justiça. Mas e se o Tribunal se recusar em cumprir sua obrigação de examinar aquela matéria? Vinha o STJ, nesses casos, anulando os acórdãos dos tribunais de origem e obrigando-os a proceder ao exame do ponto omisso, circunstância que gerava desperdício de tempo e dinheiro, pois, depois de superado o vício, novo recurso especial teria que ser interposto, processado e julgado. Agora, o legislador dispensa essa anulação e impõe ao STJ o exame direto da matéria recursal, mesmo que o tribunal de origem não o tenha feito, bastando que o interessado faça a sua parte e provoque aquele colegiado ainda que por meio de embargos declaratórios (art. 1.025, NCPC).

Quanto à estabilização da jurisprudência, o código traz relevantes modificações. Com efeito, por meio de institutos como o IRDR (incidente de resolução de demandas repetitivas), a Assunção de Competência, e os Recursos Especial e Extraordinários repetitivos, não se conceberá que temas pacificados por órgãos qualificados e competentes sejam aplicados de forma oposta pelos tribunais pacificadores ou mesmo pelos órgãos do Judiciário a eles vinculados. E o mais importante: se algum ato judicial descumprir aquilo que foi pacificado pelos tribunais de forma vinculativa, caberá reclamação, como regra geral, diretamente ao órgão pacificador, inclusive com possibilidade de liminar (art. 988 e ss., NCPC).

O recurso especial, de sua vez, também teve o espectro ampliado, no tocante à estabilização de jurisprudência. Sim, pela sistemática anterior, os processos só ficariam sobrestados pela pendência de julgamento de recurso na modalidade repetitiva, caso já houvesse a interposição de recurso especial. Até tal fase, mesmo estando na iminência da matéria controvertida ser pacificada pelo STJ, o processo prosseguiria normalmente, com todos os inconvenientes daí advindos. Agora, o código determina a suspensão de todos os processos, inclusive dos que estejam tramitando na 1ª instância, que versem idêntica matéria, até a pacificação pelo STJ. E, uma vez pacificada, aplicar-se-á o posicionamento do STJ àqueles processos que estavam sobrestados, o que significará isonomia, ou seja, jurisdicionados receberão o mesmo tratamento em casos idênticos.

O que se espera pelo presente trabalho, agora posto em conformidade com o novo sistema processual, é estimular as reflexões de todos nós, sempre com o propósito de contribuir para a implementação de uma prestação jurisdicional célere, eficiente e prática.

Luiz Fernando Valladão Nogueira

1

CONCEITUAÇÃO DE RECURSO. FINALIDADE ESPECÍFICA DO RECURSO ESPECIAL

1.1 CONCEITUAÇÃO

A abordagem, ainda que sumária, sobre a expressão "recurso", faz-se necessária para uma exata compreensão da dimensão e especificidade daquele que é direcionado ao Superior Tribunal de Justiça, mais especificamente o recurso especial.

Com efeito, recurso pode ser visto, no sentido lato, como algum expediente do qual o interessado se vale com o intuito de transpor eventual obstáculo.

No sentido jurídico, a conceituação tem de ser enfocada à luz da inserção dos recursos, casuisticamente colocados no Título II, X do Livro III, I do NCPC, só a eles destinados. E, ali, o propósito foi o de tratar os recursos não como remédios processuais quaisquer, mas como forma de ataque a decisões judiciais adversas.

O conceito comporta a seguinte divisão: a) ato voluntário; b) praticado no próprio processo; c) por aquele que sucumbiu; d) com o objetivo de modificar ou esclarecer a decisão.

Com efeito, trata-se de ato voluntário, porquanto recurso exige a iniciativa daquele que está inconformado com a decisão. A omissão do interessado, quanto à interposição do recurso, conduz aos fenômenos da coisa julgada ou preclusão. Cabe salientar que o nosso sistema processual não prevê qualquer recurso, no sentido jurídico restrito, de ofício, imposto pela própria autoridade judiciária. Na verdade, a denominada remessa necessária (art. 496, NCPC), pela qual o juiz submete, obrigatoriamente, sua sentença ao tribunal, não se identifica como recurso. Exatamente por não se tratar de ato voluntário do interessado, a remessa necessária não se caracteriza como recurso, sob a ótica jurídica restrita.

De outro lado, o recurso é praticado no próprio processo, o que afasta do conceito as figuras impugnativas autônomas, a exemplo da ação rescisória e da reclamação. Sim, o ato é voluntário e praticado internamento no processo, sendo por isso que o recurso integra-o. Vale salientar que o recurso pode se dar no mesmo processo, mas em autos distintos, como é o caso do agravo de instrumento (geram novos autos, mas integram o processo).

O recurso, sob outro prisma, exige a derrota daquele que o interpôs. Isso porque o recurso não pode ser interposto, por exemplo, por mera motivação acadêmica, sendo indispensável que haja a sucumbência, a qual caracteriza o interesse recursal.

E, por derradeiro, o recurso tem que pretender a modificação (reforma ou anulação) ou o esclarecimento da decisão recorrida. Com efeito, nisso se identificam as finalidades dos recursos (reforma, anulação ou esclarecimento).

Diversas outras conceituações doutrinárias colhem-se, a respeito de recursos.

Na dicção do saudoso Ministro Sálvio de Figueiredo Teixeira,

> conceitua-se recurso como inconformismo, total ou parcial, de quem sucumbiu, impugnando decisão não trânsita em julgado com o objetivo de reformá-la ou invalidá-la, sendo de aduzir com as hipóteses de integração e correção proporcionadas pelos embargos declaratórios, modalidade *sui generis* de via recursal. (O recurso especial e o Superior Tribunal de Justiça, constante da obra *Recursos no Superior Tribunal de Justiça*. São Paulo: Saraiva, 1991, p. 69)

Objetivamente, preleciona Humberto Theodoro Jr. que "caracteriza-se o recurso como o meio idôneo a ensejar o reexame da decisão dentro do mesmo processo em que foi proferida, antes da formação da coisa julgada" (*Curso de direito processual civil*. 3. ed. Rio de Janeiro: Forense, 1987, p. 594).

1.2 FINALIDADE DO RECURSO ESPECIAL

A criação do Superior Tribunal de Justiça, sabidamente, decorreu de um desdobramento da competência do Supremo Tribunal Federal.

Com o surgimento do STJ, tal Corte encampou a competência, até então exclusivamente do STF, de unificar o entendimento em torno do direito federal, de caráter infraconstitucional.

O detalhe é que o STJ tem uma função nobre, que não permite identificá-lo como uma 3ª instância, ou seja, cabe-lhe, a rigor, fazer interpretação de normas federais, com completa abstração dos fatos que deram ensejo à causa. Sim, diferentemente dos recursos inseridos no Duplo Grau de Jurisdição, o recurso especial não permite a reanálise dos fatos e provas, sendo sua função precípua resgatar a uniformidade do Direito Federal, em situações específicas, no nosso sistema federativo.

Com efeito, no âmbito do Duplo Grau de Jurisdição, em que são interpostos os recursos chamados ordinários (por exemplo, apelação), há ampla liberdade para análise de temas fáticos e de matérias jurídicas de maior ou menor repercussão. Isso se justifica porque, nessa seara, o objetivo é fazer justiça e aplicar o direito ao caso concreto.

Os recursos extraordinários *lato sensu*, categoria em que se inclui o recurso especial, ao revés, têm finalidade política e nobre, qual seja a de uniformizar o direito federal, quase nada importando as repercussões no caso concreto. A finalidade precípua do recurso especial é dizer ao nosso sistema federativo, por meio do qual há tribunais que julgam os mesmos sistemas normativos em variados pontos do País, qual o seu entendimento sobre diversos temas jurídicos, a fim de que isso seja aplicado aos demais juízos.

Por isso que se pode chegar ao extremo de dizer que o recurso especial, cujo destinatário é o STJ, não objetiva fazer justiça às partes, incumbência essa reservada aos tribunais das instâncias ordinárias! Sim, o papel do recurso especial é o de levar ao STJ temas relevantes, de cunho jurídico e em torno de normas federais, cuja apreciação atingirá, apenas por consequência, as partes envolvidas no litígio.

Tanto é verdade que o objetivo maior do STJ, ao julgar um recurso especial, é o de dizer seu entendimento sobre o tema jurídico, e, só como consequência natural, aplicá-lo ao caso concreto, que o seu regimento interno assim estabeleceu, expressamente.

Pode parecer óbvio, mas atento a esta finalidade nobre do recurso especial, o art. 257 do *RISTJ* dispôs que, uma vez conhecido o mesmo, e vislumbrado, por conseguinte, o malferimento à norma federal, o Tribunal "julgará a causa, aplicando o direito à espécie". Em outras palavras, primeiro, conhecendo-se do *especial*, proclama-se o entendimento da Turma sobre o tema, e, depois disso, como mera consequência, aplica-se esse raciocínio ao caso concreto.

Igual diretriz é adotada pelo Supremo Tribunal Federal, haja vista os enunciados do art. 324 de seu Regimento Interno e da Súmula 456 daquele Pretório.

O novo Código Processual, em seu art. 1033, literalizou essa compreensão, ao estabelecer que "admitido o recurso extraordinário ou o recurso especial, o Supremo Tribunal Federal ou o Superior Tribunal de Justiça julgará o processo, aplicando o direito".

Esta finalidade, com a maestria de sempre, é destacada pelo aqui já citado Ministro Sálvio de Figueiredo Teixeira:

> Trata-se de modalidade de recurso extraordinário *lato sensu*, destinado, por previsão constitucional, a preservar a unidade e a autoridade do direito federal, sob a inspiração de que nele o interesse público, refletido na correta interpretação da lei, deve prevalecer sobre os interesses das partes.
>
> Ao lado do seu objetivo de ensejar o reexame da causa, avulta sua finalidade precípua, que é a defesa do direito federal e a unificação da jurisprudência. Não se presta, entretanto, ao exame de matéria de fato, nem representa terceira instância. (*op. cit.*, p. 69)

Portanto, essas premissas básicas devem ficar bem assimiladas para que o recurso especial seja produzido, como é curial, em prol dos interesses da parte, mas com atenção direcionada, ao máximo, às teses jurídicas, as quais são, em última análise, os objetos daquele tipo de inconformismo.

2

HIPÓTESES DE CABIMENTO DO RECURSO ESPECIAL. NORMAS DA CONSTITUIÇÃO FEDERAL, DO CÓDIGO DE PROCESSO CIVIL E DO REGIMENTO INTERNO DO STJ. FUNGIBILIDADE RECURSAL E O ART. 1.032, NCPC

Por não encampar, com amplitude irrestrita, todas as hipóteses de inconformismo com decisões dos Tribunais, tendo em vista a referenciada função precípua de unificação da interpretação das normas infraconstitucionais, é que o recurso especial tem seu cabimento limitado.

Com efeito, o permissivo ao manejo do recurso especial está no art. 105, III, da Constituição Federal.

Está autorizado o recurso especial, por força daquele dispositivo, e já com as alterações advindas da Emenda Constitucional 45/04, quando a decisão recorrida:

a) contrariar tratado ou lei federal, ou negar-lhe vigência;

b) julgar válido ato de governo local contestado em face de lei federal;

c) der a lei federal interpretação divergente da que lhe haja atribuído outro tribunal.

Já o Código de Processo Civil, como não poderia deixar de ser, em face da enumeração exaustiva da Carta Magna, apenas disciplina o procedimento do recurso em exame. Não amplia, e seria inconstitucional se o fizesse, as hipóteses de cabimento.

Assim é que, no art. 1.029, NCPC, o legislador ordinário dispôs que "o recurso extraordinário e o recurso especial, *nos casos previstos na Constituição Federal,* serão interpostos...".

O Regimento Interno do Superior Tribunal de Justiça, e não poderia ser diferente, apenas se reporta à forma e ao prazo estabelecidos, "na legislação vigente" (art. 255).

Então, o operador do Direito, em termos de cabimento do recurso especial, há que se ater aos limites constitucionais.

O fato é que os dispositivos que versam sobre o cabimento do recurso especial limitam-no à ofensa ao direito federal infraconstitucional (exclui, pois, a matéria inserta na Constituição Federal). A propósito, o item 5.8 desta obra consubstancia outras considerações sobre esta contrariedade à lei federal.

Cabe registrar que, em se tratando de ofensa à norma da Constituição Federal, o recurso cabível será o extraordinário (art. 102, III). E, mais ainda, naqueles casos em que a norma, contida no âmbito infraconstitucional, for reprodução de dispositivo constitucional, o recurso cabível continua sendo o extraordinário, e não o especial.

Por exemplo, pode-se citar precedente, relacionado ao Direito Tributário, segundo o qual "suposta violação aos arts. 77, *caput*, e 78 do CTN, que reproduzem regras do art. 145 da CF/88, não autoriza a interposição de recurso especial, haja vista a índole constitucional da matéria" (REsp 1.313.644-MG, relª. Minª. Eliana Calmon, *DJ* 10.05.2013). No mesmo sentido, agora com relação a princípios constitucionais reproduzidos na Lei de Introdução às Normas de Direito Brasileiro, assim sempre sustentou o STJ: "Esta Corte Superior já entendeu que não cabe analisar princípios contidos na Lei de Introdução do Código Civil (direito adquirido, ato jurídico perfeito e coisa julgada), por estarem revestidos de carga eminentemente constitucional" (AgRg no AREsp 114.852/SP, rel. Min. Ricardo Villas Bôas Cueva, *DJ* 11.03.2013).

Acontece que, recentemente, a Corte Especial do STJ, alinhando-se à posição contrária do STF, pacificou que é cabível sim o recurso especial, desde que, tal como acontece com os institutos da coisa julgada, do ato jurídico perfeito e acabado e do direito adquirido, a conceituação seja dada pela norma infraconstitucional. Com efeito, em sede de embargos de divergência, assim restou definido pelo STJ:

> (...)
>
> 3. A Corte Especial do STJ já decidiu sobre o mérito da questão, dispondo que é cognoscível o Recurso Especial que invoca a aplicação de direito adquirido à luz do art. 6º, §2º, da LINDB (ex-LICC). A propósito: REsp 274.732/SP, Rel. Ministro José Arnaldo da Fonseca, Corte Especial, *DJ* 6.12.2004; e AgRg nos EREsp 234.529/CE, Rel. Ministro Ari Pargendler, Corte Especial, *DJ* 6.12.2004.
>
> 4. O Supremo Tribunal Federal também já assentou que os conceitos de direito adquirido, de ato jurídico perfeito e de coisa julgada não são fixados pela Constituição Federal, mas sim pela legislação infraconstitucional, especificamente na LINDB. Assim, o controle constitucional se restringe à garantia dos referidos direitos, enquanto o controle do conteúdo material deles é de natureza infraconstitucional. Nesse sentido: RE 657.871 RG, Relator: Min. Dias Toffoli, *DJe* 17.11.2014; AI 638.758 AgR, Relator Min. Ricardo Lewandowski, Primeira Turma, *DJe* 19.12.2007; e AI 504.844 AgR, Relator Min. Carlos Velloso, Segunda Turma, DJe 08.10.2004.) (...) (EREsp 1182987 / SP, Ministro HERMAN BENJAMIN, *DJe* 19/09/2016).

Depois disso e no mesmo sentido:

> 2. É uníssona a jurisprudência do Supremo Tribunal Federal no sentido de que a questão da suposta afronta aos princípios do contraditório, da ampla defesa, do devido processo legal e dos limites à coisa julgada, se dependente de prévia violação de normas infraconstitucionais, configura ofensa meramente reflexa ao texto constitucional, não tendo repercussão geral (ARE 748.371 RG/MT - Tema 660/STF).
>
> (...)
>
> 4. Agravo regimental não provido.
>
> (AgRg no RE nos EDcl no AgInt no AREsp 1272022/SP, Rel. Ministro JOÃO OTÁVIO DE NORONHA, CORTE ESPECIAL, julgado em 20/02/2019, *DJe* 26/02/2019).

Vale dizer, a esta altura, que será atacável por recurso extraordinário a decisão que versar sobre matéria constitucional, mesmo que o enunciado do dispositivo contido na Constituição Federal seja repetido em legislação infraconstitucional. Porém, caso se trate, por exemplo, de disposição constitucional com cláusula aberta, em que a conceituação é dada na lei infraconstitucional, aí sim será cabível o recurso especial, conforme orientação mais recente dos Tribunais Superiores.

O que não se pode negar é que esta *zona cinzenta*, onde se mesclam disposições constitucionais e infraconstitucionais, gera insegurança ao jurisdicionado, o qual fica sempre sem saber qual recurso escolherá para interpor, se especial ou extraordinário.

Para superar estas confusões e outras situações de equívoco mesmo do recorrente, é que o legislador, agora, trouxe o art. 1.032:

> Art. 1.032. Se o relator, no Superior Tribunal de Justiça, entender que o recurso especial versa sobre questão constitucional, deverá conceder prazo de 15 (quinze) dias para que o recorrente demonstre a existência de repercussão geral e se manifeste sobre a questão constitucional.
>
> Parágrafo único. Cumprida a diligência de que trata o *caput*, o relator remeterá o recurso ao Supremo Tribunal Federal, que, em juízo de admissibilidade, poderá devolvê-lo ao Superior Tribunal de Justiça.

Como se verifica, atento à primazia do mérito[1] também no âmbito recursal, o legislador permite que o STJ, verificando a natureza constitucional

---

[1] Em livro de minha autoria "Recursos e Procedimentos nos Tribunais no novo CPC" (ed. D'Plácido, 2ª ed., os. 20/21), assim examino o princípio da primazia do mérito:
"Este princípio, que é desdobramento daquele de índole constitucional, referente à duração razoável do processo, pugna pelo alcance do mérito pelo Juiz. Ou seja, somente quando houver vício que não tenha como ser sanado, é que o processo será extinto sem resolução de mérito.
Ora, a norma processual é instrumentária, servindo como meio para que se aplique o direito material ao caso concreto. Não se pode tratar a norma processual como '*ator principal*', valorizando-a ao ponto de ter mais relevo que o direito material. O desate da lide há de ser obsessão do julgador, a partir da aplicação do princípio ora em estudo.
Com efeito, o art. 4º do novo diploma processual informa que a duração razoável do processo está atrelada à 'solução integral do mérito'. De igual forma, o art. 6º estabelece que a cooperação entre os sujeitos do processo tem em mira alcançar 'decisão de mérito justa e efetiva'. E o art. 139, ao versar sobre as incumbências do Juiz, insta-o a optar, sempre, por 'determinar o suprimento de pressupostos processuais e o saneamento de outros vícios processuais' (inc. IX).
No plano prático, esses dispositivos programáticos resultaram em várias relevantes alterações, valendo anotar alguns rápidos exemplos:
– Art. 317 – Impõe ao juiz oportunizar o saneamento do processo e correção do vício, antes de extinguir o processo sem resolução de mérito. Ou seja, o juiz não deve desistir de oportunizar a correção do vício, mesmo que já feitas tentativas anteriores, de forma

do tema, aplique a fungibilidade. Vale dizer, nos termos do dispositivo acima transcrito, será oportunizado ao recorrente adaptar o recurso ao formato do recurso extraordinário. Em seguida ao cumprimento da diligência, será o feito encaminhado ao Supremo Tribunal Federal. Descumprida a diligência, por óbvio, o recurso especial não será admitido.

Não há exigência no dispositivo acima citado de inocorrência de erro grosseiro de parte do recorrente, ao contrário do que preconizava a jurisprudência sobre a fungibilidade recursal[2]. Ainda que o recorrente num recurso especial, em manifesto equívoco, apegue-se a um dispositivo infraconstitucional que meramente repete a expressa previsão constitucional sobre o tema, poderá o relator no STJ, a despeito do erro, proceder ao aproveitamento proposto pelo art. 1.032, NCPC e encaminhar o feito ao Supremo Tribunal Federal.

---

que se vendo na contingência de extinguir o feito sem resolução de mérito, há de instar, derradeiramente, a parte interessada.

- Art. 338 - Nesse dispositivo o legislador faculta ao autor, deparando este com preliminar de ilegitimidade do réu ou invocação de que o mesmo não é 'responsável pelo prejuízo invocado', alterar sua petição inicial 'para substituição do réu'. Ou seja, mitiga-se o rigor da estabilidade da lide, no plano subjetivo, e permite-se mudança do réu após a contestação. Dito de outra forma, tal dispositivo repugna a ideia de extinção do processo sem resolução de mérito e autoriza a solução da lide com a inserção de novo réu.

- Art. 488 - Esse dispositivo aplica, para a hipótese de extinção do processo sem resolução de mérito, o mesmo critério usado pelo CPC/73 para as nulidades. Vale dizer que, agora, o Juiz não extinguirá o processo sem resolução de mérito, se antever que o desate da lide (mérito) seria favorável à parte beneficiada pela extinção. Ou seja, o Juiz identificará o vício, mas o superará e julgará o mérito a favor da parte que seria beneficiada pela extinção do processo sem resolução de mérito. Assim agindo, o magistrado trará, mais rapidamente, a almejada pacificação social".

2 A Corte Especial do STJ firmou entendimento, no sentido de que "a interposição de recurso extraordinário em detrimento do recurso ordinário **é erro grosseiro**, não podendo incidir na espécie o princípio da fungibilidade - aplicável, em regra, quando há dúvidas sobre o recurso adequado" (STJ, AgRg no RE nos EDcl no MS 20.901/DF, Rel. Ministra LAURITA VAZ, Corte Especial, julgado em 5/11/2014, *DJe* 27/11/2014). "A orientação estabelecida nesta Corte, embora admitindo a subsistência do princípio da fungibilidade no sistema processual em vigor, exclui a hipótese de **erro grosseiro**, admitindo-o somente nos casos de 'fundada dúvida' e desde que satisfeitos os demais requisitos formais do recurso cabível" (STF, RE 233734 ED-AgR, Relator(a): Min. ILMAR GALVÃO, Primeira Turma, julgado em 04/05/1999, *DJ* 27-08-1999 PP-00058 EMENT VOL-01960-04 PP-00671).

De igual forma ocorrerá se o Supremo Tribunal Federal entender que em determinado recurso extraordinário, na verdade, a matéria é sim infraconstitucional e, portanto, da competência do Superior Tribunal de Justiça. Assim é que, na dicção do art. 1.033, NCPC, "se o Supremo Tribunal Federal considerar como reflexa a ofensa à Constituição afirmada no recurso extraordinário, por pressupor a revisão da interpretação de lei federal ou de tratado, remetê-lo-á ao Superior Tribunal de Justiça para julgamento como recurso especial".

Registre-se, por derradeiro, que, se o acórdão recorrido possuir fundamentos constitucional e infraconstitucional, ambos suficientes por si só para manter a conclusão exarada, mas o sucumbido interpõe apenas um recurso (especial ou extraordinário), em afronta à Súmula 126, STJ[3] e à dualidade de competências nos tribunais superiores[4], não poderá interpor nova peça recursal para corrigir sua omissão. Nesse caso, ambos os recursos terão que ser, obrigatoriamente, interpostos, no prazo legal que lhes é comum, por meio de "petições distintas", valendo lembrar que se trata aí da única hipótese de exceção ao princípio da unicidade recursal (art. 1.029, NCPC).

É que o dispositivo em comento admite a fungibilidade, partindo do pressuposto que o recurso foi interposto erroneamente, sendo que o erro adviria da confusão provocada pela natureza híbrida do <u>único fundamento do acórdão recorrido</u> (coloração constitucional e infraconstitucional). Em hipótese tal, o fundamento é único e foi hostilizado no prazo legal, ainda que por meio de recurso tido por equivocado. Não é admissível, diferente

---

3 "É INADMISSÍVEL RECURSO ESPECIAL, QUANDO O ACÓRDÃO RECORRIDO ASSENTA EM FUNDAMENTOS CONSTITUCIONAL E INFRACONSTITUCIONAL, QUALQUER DELES SUFICIENTE, POR SI SÓ, PARA MANTÊ-LO, E A PARTE VENCIDA NÃO MANIFESTA RECURSO EXTRAORDINÁRIO."

4 AGRAVO REGIMENTAL NO RECURSO EXTRAORDINÁRIO COM AGRAVO. AUSÊNCIA DE IMPUGNAÇÃO DE TODOS OS FUNDAMENTOS SUFICIENTES E AUTÔNOMOS DA DECISÃO RECORRIDA. PRECLUSÃO. AGRAVO REGIMENTAL A QUE SE NEGA PROVIMENTO. "I – Acórdão proferido em recurso de apelação, fundamentado em matéria constitucional e infraconstitucional. Interposição de recurso especial, tão somente. Subsistência do tema constitucional, autônomo e suficiente à manutenção do julgado da apelação. Consequência: preclusão. Não cabimento do recurso extraordinário supervenientemente interposto. II – Agravo regimental a que se nega provimento" (ARE 794707 CE, rel. Min. Ricardo Lewandowski, *DJe* 15.08.2014).

disso, que, a pretexto de proceder à correção, interponha-se, após o prazo legal para o recurso, extemporâneo acréscimo para atacar outro fundamento independente do acórdão recorrido, que estava até então incólume. Pensar de forma diferente seria ir além do que preconiza o princípio da primazia do mérito, e conceber a ideia der ser interposto novo recurso além do prazo legal em verdadeira ofensa à isonomia entre as partes e à segurança jurídica.[5]

[5] AGRAVO REGIMENTAL NO RECURSO ESPECIAL. PORTE ILEGAL DE MUNIÇÃO. PRINCÍPIO DA PROPORCIONALIDADE. FUNDAMENTO DE NATUREZA INFRACONSTITUCIONAL E CONSTITUCIONAL. AUSÊNCIA DE INTERPOSIÇÃO DO RECURSO EXTRAORDINÁRIO. SÚMULA 126/STJ. I - "É inadmissível o recurso especial, quando o acórdão recorrido assenta em fundamentos constitucional e infraconstitucional, qualquer deles suficiente, por si só, para mantê-lo, e a parte vencida não manifesta recurso extraordinário." (Súmula 126/STJ).
II - Na hipótese, o v. acórdão vergastado utilizou o princípio da proporcionalidade como fundamento autônomo e suficiente para absolver o ora agravado, razão pela qual se justifica a incidência do verbete sumular mencionado.
III - O art. 1.032 do Código de Processo Civil de 2015 prevê a aplicação do princípio da fungibilidade ao recurso especial que versar questão constitucional, hipótese em que há um equívoco quanto à escolha do recurso cabível.
IV - No caso vertente, entretanto, o v. acórdão objurgado pautou-se também em fundamento constitucional, utilizando-se do princípio da proporcionalidade como fundamento autônomo e suficiente para absolver o réu, não tendo sido interposto simultaneamente o recurso extraordinário cabível (precedente). Aqui, a hipótese não é de equívoco quanto à escolha do recurso, mas, sim, a própria ausência de recurso em separado no tocante ao capítulo decisório de jaez constitucional.
V - Mesmo com a entrada em vigor do CPC/2015, ainda permanece hígido o enunciado 126 da súmula desta Corte, no qual 'é inadmissível o recurso especial, quando o acórdão recorrido assenta em fundamentos constitucional e infraconstitucional, qualquer deles suficiente, por si só, para mantê-lo, e a parte vencida não manifesta recurso extraordinário' (Súmula 126/STJ), razão pela qual não há falar em aplicação do art. 1.032 à espécie.
Agravo regimental não provido" (AgRg no REsp 1665154/RS, Rel. Ministro FELIX FISCHER, QUINTA TURMA, julgado em 15/08/2017, *DJe* 30/08/2017).

3

PRESSUPOSTOS GENÉRICOS À ADMISSÃO DOS RECURSOS DE FORMA GERAL

3.1 INTRODUÇÃO

A interposição de todo e qualquer recurso está submetida a pressupostos genéricos de admissibilidade.

Dessa regra, como é óbvio, não foge o recurso especial.

Elencam-se, aqui, os seguintes pressupostos:

a) legitimidade;

b) interesse;

c) tempestividade;

d) adequação;

e) regularidade formal;

f) preparo.

3.2 A LEGITIMIDADE

O art. 996, NCPC dispõe, num primeiro plano, que o recurso pode ser interposto pela "**parte**".

Dificuldades inexistem quanto à legitimidade da **parte** vencida, a qual é a que esteve litigando no processo, e acabou por sucumbir total ou parcialmente.

É considerada parte, com interesse autônomo em recorrer, não só o **autor** ou o **réu**, mas também os **terceiros que intervieram no processo.**

O autor, como é óbvio, é aquele que propõe a ação, sendo o réu aquele que deverá suportar as consequências da acolhida do pedido inicial.

Já o **terceiro interveniente** está elencado nos artigos 119 a 138, NCPC. Ou seja, considera-se terceiro interveniente aquele que ingressou no processo por conta da assistência, denunciação da lide, chamamento ao processo, incidente de desconsideração da personalidade jurídica ou *amicus curiae.*

Quanto à assistência simples, o novo Código deixou claro que a revelia ou mesmo a inércia do assistido quanto à interposição de recurso não impede que o assistente prossiga e interponha o seu próprio insurgimento recursal[6]. É que o parágrafo único do art. 121, NCPC permitiu que o assistente simples, não só no caso de revelia, mas também na hipótese de qualquer tipo de omissão do assistido, assuma no processo a condição de seu "**substituto processual**".

Não poderá interpor recurso o assistente simples, porém, em algumas situações. São os casos em que o assistido, consoante art. 122, NCPC, reconhece a procedência do pedido, desiste da ação ou renuncia ao direito em que ela se funda ou, ainda, transige sobre os direitos controvertidos. Aí, já não se tratará de mera omissão, mas de manifestação de vontade clara

---

6 Na vigência mesmo do Código de 1973, o STJ, após diversos precedentes em sentido contrário, firmou, em sede de embargos de divergência, posicionamento já admitindo o recurso do assistente, inclusive na hipótese de omissão do assistido:
"ERESP. PROCESSUAL CIVIL. AÇÃO DE COBRANÇA. ASSISTENTE SIMPLES. LEGITIMIDADE PARA RECORRER. INEXISTÊNCIA DE PROPOSIÇÃO DO ASSISTIDO. POSSIBILIDADE. AUSÊNCIA DE MANIFESTA VONTADE CONTRÁRIA DO ASSISTIDO. RECURSO PROVIDO. Segundo o entendimento mais condizente com o instituto da assistência simples, a legitimidade para recorrer do assistente não esbarra na inexistência de proposição recursal da parte assistida, mas na vontade contrária e expressa dessa no tocante ao direito de permitir a continuidade da relação processual. Assim, *in casu*, em atendimento à melhor interpretação do dispositivo da norma processual, uma vez constatada a ausência da vontade contrária do assistido, afigura-se cabível o recurso da parte assistente, a qual detém legitimidade para a continuidade da relação processual. Embargos de divergência providos para afastar o óbice de admissibilidade do recurso especial quanto à legitimidade do assistente simples" (EREsp 1068391/PR, relatora p/ acórdão Ministra MARIA THEREZA DE ASSIS MOURA, *DJe* 07/08/2013).

daquele que é auxiliado pelo terceiro (art. 121, *caput*, CPC). E – vale enfatizar – em situações como estas, o assistente não será prejudicado pela coisa julgada, já que nada pôde fazer para influir na sentença (art. 123, inc. I, NCPC). Ou seja, poderá o terceiro assistente rediscutir a lide em processo autônomo.

O assistente litisconsorcial, de sua vez, tem independência com relação ao assistido. Ele, inclusive, pode se valer da possibilidade de recorrer até de forma contrária à manifestação expressa do assistido. É que, sendo tratado como litisconsorte do assistido (art. 124, NCPC), é visto como litigante distinto (art. 117, NCPC) e que pode promover livremente o andamento do processo (art. 118, NCPC).

À guisa de exemplo, o advogado que teve procuração revogada, mas tinha contrato de honorários *quota litis*, pode ingressar, na qualidade de assistente simples, no processo em que prossegue seu cliente. Será assistente simples, porque a sentença no processo poderá atingir sua relação com o assistido. Se o ex-cliente faz transação com a parte contrária, não terá legitimidade recursal o advogado (no exemplo, assistente), a teor do art. 122, NCPC. Porém, se há sentença que contempla apenas em parte o ex-cliente (no exemplo, assistido), mas este não recorre, poderá o advogado (assistente), a despeito da referida omissão, interpor o recurso adequado (art. 121, parágrafo único, NCPC).

Prosseguindo na pretensão de exemplificar, pode-se dizer que, no caso de ação reivindicatória proposta por um só condômino contra o invasor da propriedade em comum, poderá haver intervenção do coproprietário, na qualidade de assistente litisconsorcial. É que a eventual sentença de procedência do pedido irá beneficiá-lo, participe ou não do processo. Ou seja, sua relação jurídica com o adversário do assistido é que será atingida pela sentença, sendo, por isso mesmo, tido como assistente litisconsorcial (art. 124, NCPC). Nessa hipótese, mesmo que o autor da ação (condômino) faça transação ou qualquer outro ato de disponibilização poderá o assistente litisconsorcial, contrário mesmo ao desejo expresso do assistido, interpor o seu próprio recurso, já que terá independência, como é inerente ao litisconsórcio.

A legitimidade recursal, no caso da denunciação da lide, subsistirá ao denunciado, a partir do instante em que deferida sua inclusão pelo magistrado.

Quanto ao chamamento ao processo, de igual forma, haverá a legitimidade do terceiro, assim que deferida a intervenção pelo Juiz.

No tocante ao incidente de desconsideração da personalidade jurídica, o sócio ou a pessoa jurídica deterão legitimidade, assim que "instaurado o incidente" (art. 135, NCPC).

E, por fim, o *amicus curiae*, figura agora generalizada pelo novo Código Processual, tem regramento específico quanto à legitimidade recursal.

Com efeito, o Juiz, em 1° grau, ou o Relator, em grau recursal, poderá admitir a intervenção de terceiro que possa contribuir para a discussão sobre matéria de relevância, especificidade ímpar ou repercussão social. Ocorre que o deferimento ou indeferimento de tal intervenção, tendo em vista o propósito do legislador de evitar tumulto processual, é irrecorrível. De fato, o art. 138, NCPC dispõe, com clareza, que tal deliberação dar-se-á "por decisão irrecorrível".

Obviamente, contudo, que, como o objetivo do legislador foi o de inserir tal deliberação na seara da discricionariedade exclusiva do Juiz ou Relator, nada obstará que a parte requeira reconsideração da decisão ou, nos casos em que for viável, manifeste embargos declaratórios, estes já admitidos expressamente no §1° do art. 138, NCPC.

Uma vez ingressando no processo o *amicus curiae* não deterá legitimidade recursal, ainda que a decisão sobre o mérito contrarie a sua tese. É que o legislador não quis lhe atribuir os mesmos poderes concedidos à parte, tendo deixado claro que sua intervenção não "autoriza a interposição de recursos" (art. 138, §1°, NCPC).

As únicas ressalvas legais, quanto à ilegitimidade do *amicus curiae*, são as possibilidades de interposição de embargos declaratórios (parte final do §1°, art. 138, NCPC) e de recursos no incidente de resolução de demandas repetitivas (art. 138, §3° e art. 983, NCPC).

É importante pontuar que há uma figura de intervenção de terceiro não tipificada no Código Processual, mas que tem previsão no Código Civil. Cuida-se de hipótese de intervenção *sui generis*, estabelecida no art. 1.698, CC, e que permite seja chamado ao processo outra pessoa obrigada a prestar alimentos ao autor da ação[7]. Aqui também o terceiro interessado, como é natural, deterá legitimidade recursal.

Não só a parte - autor, réu e terceiro interveniente - é legitimada a recorrer. Detém legitimidade, de igual forma, o "**terceiro prejudicado**".

Já a legitimidade do terceiro prejudicado dá-se quando este "demonstrar a possibilidade de a decisão sobre a relação jurídica submetida à apreciação judicial atingir direito de que se afirme titular ou que possa discutir em juízo como substituto processual" (art. 996, parágrafo único, NCPC).

A redação adotada pelo novo dispositivo legal é mais aprimorada que a constante do CPC/73. Agora, o Código textualiza duas situações a justificarem a interposição de recurso pelo terceiro, tido como prejudicado: a decisão da qual se recorre atinge: **a)** direito do próprio terceiro; **b)** ou de pessoa da qual ele poderia ser substituto processual.

A primeira hipótese pode ser resumida pelo seguinte raciocínio: terceiro é aquele que poderia ingressar no processo como assistente simples (a decisão atingirá a relação jurídica do terceiro com aquele que seria o assistido) ou como assistente litisconsorcial (a decisão atingirá a relação jurídica do terceiro com a parte adversa daquele que seria o assistido), mas preferiu assim não fazer. Ou seja, mesmo não ingressando como assistente (e poderia assim agir), acabou por ser atingido em direito do qual é titular. Como consequência, poderá recorrer, na qualidade de terceiro prejudicado.

Pode-se exemplificar com aquela situação em que fiador é cobrado pela dívida, judicialmente. O afiançado não foi provocado pelo chamamento ao processo (art. 130, NCPC) e nem quis ingressar como assistente, mas teve ciência da decisão adversa ao fiador. Poderá, em tal situação, atingido que foi pela decisão, interpor o recurso adequado, como terceiro prejudicado.

---

[7] Em obra coletiva que coordenei, propus, juntamente com o Prof. Pablo Souza Assis, para encontrar uma solução, a adoção do procedimento próprio do chamamento ao processo (art. 130, NCPC e segs.), por força de **analogia**, raciocínio que se justificou porque tal forma de intervenção exige a natureza solidária da obrigação, o que, como regra geral, não acontece com a verba alimentar (NOGUEIRA, Luiz Fernando Valladão (Coord.). *Paternidade e Alimentos*. Belo Horizonte: Del Rey, 2012, p. 309).

Ainda como exemplo da legitimidade recursal do terceiro prejudicado que teve seu direito atingido, mas não ingressou no processo como assistente, tem-se a hipótese daquele que adquiriu bem litigioso. Ele poderia ingressar no processo como assistente litisconsorcial do alienante ou cedente, na forma do §2º do art. 109, NCPC. Mas se assim não fez, poderá, agora na qualidade de terceiro prejudicado, recorrer da decisão contrária ao alienante ou cedente, até porque os efeitos da sentença o atingirão (art. 109, §3º, NCPC).

A segunda hipótese dá-se quando o terceiro poderia atuar como substituto processual daquele que teve seu direito atingido pela decisão. Importa lembrar, agora, que a substituição processual é exceção à regra, eis que, na dicção do art. 18, NCPC, "ninguém poderá pleitear direito alheio em nome próprio, salvo quando autorizado pelo ordenamento jurídico". E a substituição acontecerá, portanto, quando o ordenamento jurídico autorizar que o sujeito processual seja diferente do titular do direito invocado, ou seja, o primeiro defende processualmente os interesses do segundo.

Pois bem, nesse contexto, tem-se que a própria Constituição Federal, em seu art. 8º, inc. III, contempla a substituição processual, por exemplo, de sindicatos em benefício de pessoa que integra a categoria. Se este último sucumbe, em determinado processo de interesse da classe, há legitimidade, na qualidade de terceiro prejudicado, do sindicato.

Outro exemplo de substituição processual que autoriza a interposição de recurso pelo terceiro prejudicado é o do advogado, que vem em defesa dos honorários de sucumbência. Trata-se de substituição processual *sui generis*. Com efeito, o titular da verba é o advogado (art. 85, NCPC), mas, desde o início do processo, ele vem pleiteando a sucumbência, como mero corolário da vitória pretendida. E, como é sabido, o advogado formula os pedidos e faz as referências à sucumbência, em nome do cliente-parte. Mas pode acontecer de, depois de fixada em definitivo a verba sucumbencial, ter sido revogado o mandato do advogado, sendo que, para discutir a verba sucumbencial que é dele, poderá ingressar com recurso, não em nome da parte, mas dele próprio como terceiro prejudicado[8].

---

[8] Enquanto o advogado está constituído no processo, sua legitimidade tem sido entendida pelo STJ como concorrente com a do cliente: "AGRAVO REGIMENTAL. AGRAVO EM RECURSO ESPECIAL. HONORÁRIOS ADVOCATÍCIOS. ART. 23 DA LEI N.

Por derradeiro, cabe lembrar que o terceiro prejudicado se distingue do terceiro interveniente. O primeiro é aquele que poderia intervir no processo, mas não o fez, sendo que ainda assim foi atingido em sua esfera jurídica pela decisão judicial. Já o segundo é aquele que interviu no processo e passou a ser parte, sendo, por isso mesmo, alcançado pela decisão judicial. Ambos, como visto, possuem legitimidade recursal.

A **legitimidade do Ministério Público**, tal como prevista no art. 996, NCPC, encampou o que já prevalecia na jurisprudência sumulada do STJ ainda sob a égide do CPC/73. Vale dizer que o Ministério Público deterá legitimidade recursal "como parte ou como fiscal da ordem jurídica".

A propósito, colhe-se da Súmula 99 do STJ que "o Ministério Público tem legitimidade para recorrer no processo que oficiou como fiscal da lei, ainda que não haja recurso da parte".

3.3 O INTERESSE RECURSAL

O interesse recursal concentra-se na presença concomitante da utilidade e da necessidade do recurso.

Com efeito, o recurso só será útil àquele legitimado para interpô-lo, na medida em que, de alguma forma, tenha sucumbido (o art. 996, NCPC usa a expressão "parte **vencida**"). E, de igual forma, o recurso só será necessário caso o interessado não possa atingir o seu intento por outra via.

A partir desse pressuposto, cabe o registro de que o interesse reside no resultado adverso, o qual é extraído não da fundamentação, mas da conclusão da decisão.

Realmente, o vitorioso, nem por cautela, tem interesse algum em aviar o recurso. É que os fundamentos invocados pelo vitorioso, e que foram rejeitados ou ignorados pela sentença, podem e devem ser considerados pelo Tribunal, em sede de apelação, caso isso se faça necessário, independentemente de qualquer recurso ou invocação em contrarrazões, por força da adoção do efeito translativo (art. 1.013, §2º, NCPC). Esse raciocínio

8.906/1994. DECISÃO AGRAVADA MANTIDA. 1. A verba relativa à sucumbência, a despeito de constituir direito autônomo do advogado, não exclui a legitimidade concorrente da parte para discuti-la. Precedentes. 2. Agravo regimental não provido" (AgRg no AREsp 637.405/MG, Rel. Ministro LUIS FELIPE SALOMÃO, *DJe* 26/3/2015).

aplica-se, de igual forma, para as decisões interlocutórias que forem impugnadas por agravo de instrumento, na medida em que as disposições pertinentes à apelação, recurso ordinário por excelência, aplicam-se, onde couber, aos demais recursos de tal natureza[9]. Ademais, o exato equacionamento das questões controvertidas e da lide é obrigação imposta ao magistrado de 1º e 2º graus.

Há determinada inovação no CPC/15 sobre o tema. Com efeito, o §1º do art. 503, NCPC contempla a coisa julgada material sobre a "questão prejudicial, decidida expressa e incidentemente no processo".

Isso significa que a questão antecedente à principal, também de mérito, e que esteja a esta indissociavelmente ligada, uma vez solucionada, deverá também, por homenagem à paz social e à segurança jurídica, ser blindada pela imutabilidade.

Por exemplo, imagine-se um processo em que o autor pretende receber valores do réu em mora, sendo que a contestação argui, a par da inexistência do atraso com o pagamento, a nulidade do contrato por incapacidade do contratante. O juiz decide pela rejeição da nulidade do contrato, mas julga improcedente a pretensão autoral, porque não haveria a invocada mora. Na situação aqui exemplificada, pode-se dizer que réu foi totalmente vitorioso, eis que negada a pretensão do autor (questão principal); porém, a questão prejudicial (nulidade do contrato) foi desfavorável ao réu e estará ao abrigo da coisa julgada material (art. 503, §1º, NCPC), descabendo posterior rediscussão em eventual nova demanda em que se queira receber outros valores pertinentes à mesma avença.

A partir deste exemplo, identifica-se a novidade no campo do interesse recursal: o réu, mesmo integralmente vitorioso na questão principal,

---

9 "Nos termos da orientação jurisprudencial desta Corte Superior, "as instâncias ordinárias podem extinguir o processo sem resolução de mérito, conhecendo de ofício de matéria de ordem pública, capaz de gerar a rescindibilidade do julgado caso não detectada a tempo, em respeito ao efeito translativo dos **recursos ordinários** e ao princípio da economia processual" (REsp 1.293.721/PR, Rel. Min. ELIANA CALMON, *DJe* de 10/4/2013)" (AgRg nos EDcl no AREsp 396902 / ES, Ministro RAUL ARAÚJO, *DJe* 16/09/2014).

"O **efeito translativo é próprio dos recursos ordinários** (apelação, **agravo**, embargos infringentes, embargos de declaração e recurso ordinário constitucional), e não dos recursos excepcionais, como é o caso do recurso especial" (REsp nº 1.366.921/PR, Rel. Min. RICARDO VILLAS BÔAS CUEVA, Terceira Turma, j. 24/2/15).

terá interesse recursal para tentar, por meio de recurso, seja, desde já, reconhecida na situação exemplificada a nulidade do contrato, o que, caso se positive, afiançar-lhe-á a imutabilidade da decisão correspondente sobre essa questão prejudicial.

Portanto, tem-se a abertura do interesse recursal para que seja discutida a solução dada à questão prejudicial, ainda que a principal tenha sido totalmente favorável ao recorrente. Trata-se, aí, do interesse recursal proveniente da sucumbência jurídica.

Registre-se, com relação ao Ministério Público, que o parecer emitido por este, atuando como fiscal da lei, não interfere no pressuposto do interesse recursal, quando aquele órgão também é parte. Ou seja, é possível que o Ministério Público interponha recurso, na qualidade de parte, contrário à tese que algum de seus integrantes defendeu em sede de parecer[10].

3.4 A TEMPESTIVIDADE

Trata-se, agora, de pressuposto de admissibilidade relacionado ao cumprimento de prazo para interposição de recurso. O seu desatendimento levará à preclusão ou à coisa julgada.

O NCPC, em seu artigo 1.003, §5º, optou por generalizar o **prazo** de 15 (quinze) dias, a contar da intimação, para interposição e oferecimento de resposta a recursos, à exceção dos embargos declaratórios (5 dias - art. 1.023, NCPC).

---

[10] PROCESSUAL CIVIL. AÇÃO CIVIL PÚBLICA. AUMENTO DE MENSALIDADE ESCOLAR. MINISTÉRIO PÚBLICO. LEGITIMIDADE. APELAÇÃO. PARECER DE ÓRGÃO DO MINISTÉRIO PÚBLICO COMO FISCAL DA LEI CONTRÁRIO AO INTERESSE RECURSAL DO MINISTÉRIO PÚBLICO AUTOR DA ACP. POSSIBILIDADE. EMBARGOS INFRINGENTES. DESCABIMENTO. ACEITAÇÃO TÁCITA. DESCARACTERIZAÇÃO.
I. Não configura aceitação tácita (art. 503, parágrafo único, do CPC), a apresentação de parecer de órgão do Ministério Público estadual, no desempenho da função de fiscal da lei, contrário ao interesse recursal do Procurador de Justiça autor de ação civil pública em resguardo de interesse coletivo, em razão da autonomia, independência funcional entre os membros da instituição e da natureza distinta das atribuições que deram origem às respectivas atuações no processo.
II. Recurso especial conhecido e provido. (STJ, RECURSO ESPECIAL Nº 41.590 - MG, Rel. Min. Aldir Passarinho Junior, *DJ* 05/03/2001).

É importante pontuar que o Novo Código, de forma expressa, atento ao princípio da instrumentalidade das formas (art. 188, NCPC), encampou entendimento de que a ciência inequívoca sobre a decisão, por meio de "retirada dos autos do cartório ou da secretaria em carga" (art. 272, §6º), implicará intimação sobre a mesma, "ainda que pendente de publicação". E, a partir daí, iniciar-se-á a contagem do prazo recursal (art. 231, VIII, NCPC). Quanto ao processo virtual, cabe registrar que a consulta feita aos autos pelo destinatário da intimação (art. 5º, §1º, Lei 11.419/06), desde que devidamente comprovada, faz presumir, também por força, sobretudo, do princípio da instrumentalidade, sua ciência inequívoca, independente de formal certidão. Aliás, o inc. V do art. 231, NCPC textualiza que haverá início do prazo a partir do "dia útil seguinte à consulta ao teor da citação ou da intimação...".

Trazendo clareza, o legislador, outrossim, inseriu norma expressa (art. 1.003, §2º, NCPC), no sentido de que, quando a decisão for proferida antes da citação, ocasião em que o réu ainda não tem advogado constituído, o termo *a quo* seguirá a regra geral já estabelecida no art. 231, NCPC.

O prazo para recurso será em dobro: a) aos integrantes da Advocacia Pública (art. 183, NCPC); b) aos integrantes da Defensoria Pública (art. 186, NCPC); c) aos integrantes de "escritórios de prática jurídica das faculdades de Direito reconhecidas na forma da lei e às entidades que prestam assistência jurídica gratuita em razão de convênios firmados com a Defensoria Pública" (art. 186, §3º, NCPC); d) aos integrantes do Ministério Público (art. 180, NCPC).

O prazo, nas hipóteses acima elencadas, terá início a partir da intimação pessoal, exceto às entidades e escritórios citados no §3º, art. 186, NCPC, os quais não receberam tal privilégio, mas apenas o relacionado ao prazo em dobro.

Acentue-se que haverá também prazo em dobro para recorrer aos litisconsortes com procuradores distintos, desde que estes integrem escritórios diferentes (art. 229, NCPC). Há tendência de, com a entrada irrestrita na era virtual, tal benesse se extinguir, eis que o legislador a exclui, expressamente, "aos processos em autos eletrônicos" (art. 229, §2º, NCPC).

O prazo estará **interrompido** com a efetiva apresentação do recurso, que poderá se dar por **meio eletrônico**, quando assim estiver sendo processado o feito.

A propósito, só será admissível o protocolo físico do recurso em processo virtual, no caso em que a unidade judiciária processante do mesmo não detiver os equipamentos necessários e que estejam disponibilizados aos advogados (art. 198, parágrafo único, NCPC). Isso significa que é válida a recusa pelo serventuário da petição recursal física, no caso em que o processo tramita virtualmente. Porém, a boa-fé processual, tão destacada no art. 5º, NCPC, deve ser observada ao ponto de dar-se validade ao protocolo físico da petição recursal, na hipótese em que o serventuário, equivocadamente, recebeu a peça. Convenhamos que o recebimento pelo serventuário causa a expectativa de validade do meio utilizado, devendo prevalecer aí o atingimento do fim (interrupção do prazo), ainda mais se considerado for que o protocolo físico, a rigor, exige do advogado mais esforço e equacionamento de tempo do que a apresentação virtual.

Aliás, o STJ entendeu não ser "razoável exigir que o advogado presuma que o protocolo da petição em papel foi equivocado quando o próprio serventuário a recebeu, dando a entender que foram atendidas as exigências da lei e da Resolução n. 551/2011 para a apresentação do agravo em recurso especial". E mais: "Aplica-se a regra da instrumentalidade das formas quando se constata que o protocolo do recurso em papel no prazo legal alcançou o objetivo almejado, devendo ser reputado válido" (AgRg no AREsp 607748/SP, Ministro JOÃO OTÁVIO DE NORONHA, *DJe* 09/06/2015).

O **protocolo postal**, a partir do novo sistema codificado, será admitido sem qualquer restrição, inclusive para os recursos direcionados aos Tribunais Superiores. É que, de forma ampla, foi estabelecido no §4º do art. 1003, NCPC, que "para aferição da tempestividade do recurso remetido pelo correio, será considerada como data de interposição a data de postagem".

Isso significa que estão superadas, por contrariarem a clara norma legal, a Súmula 216 do STJ e a jurisprudência pacificada do STF sobre o tema (por exemplo, **ARE 694888 AgR/RS**, *DJ* 19/03/2013, rel. Min. Teori Zavascki).

Evidente, outrossim, que o **protocolo integrado**, onde existir, estará alcançado pela regra ampla do §3º, art. 1003, NCPC, que permite a apresentação do recurso "em cartório **ou conforme as normas de organização judiciária...**".

Em boa hora, o NCPC eliminou a *jurisprudência defensiva*, que gerava o não conhecimento do chamado **recurso prematuro**.

Com efeito, a Súmula 418, STJ – agora superada – exigia a ratificação do recurso interposto, se depois da interposição houvesse complementação do ato judicial recorrido por meio de decisão proferida em embargos declaratórios. O entendimento que prevalecia é o de que os *declaratórios* geram integração da decisão original, sendo intempestivo, por apresentado antes do momento certo, aquele recurso que não aguarda a conclusão do seu julgamento.

Agora, o art. 218, §4º, NCPC generaliza na admissão do ato prematuro, ao dizer que "será considerado tempestivo o ato praticado antes do termo inicial do prazo". E, quanto aos declaratórios, o §5º do art. 1.024, NCPC é categórico: "Se os embargos de declaração forem rejeitados ou não alterarem a conclusão do julgamento anterior, o recurso interposto pela outra parte antes da publicação do julgamento dos embargos de declaração será processado e julgado independentemente de ratificação".

E se o acolhimento dos embargos declaratórios levar à modificação da decisão embargada? Nessa hipótese, o novo código dá o direito ao que já havia interposto outro recurso de complementá-lo ou modificá-lo. Trata-se de faculdade, sendo que a omissão do interessado não leva necessariamente ao não conhecimento do seu recurso, mas apenas à ausência de exame do ponto que deveria ser impugnado e não o foi. É evidente, porém, que, se houver alteração completa da decisão, a ausência de modificação do recurso, gera o não conhecimento daquele originariamente interposto por absoluta falta de dialeticidade.

O disposto no §4º do art. 1.024, NCPC deixa clara essa faculdade, ao textualizar que, no caso de modificação da decisão embargada, aquele que "já tiver interposto outro recurso contra a decisão originária tem o **direito** de complementar ou alterar suas razões...".

É importante ressaltar o seguinte: se o acréscimo trazido na decisão que julgou os declaratórios for suficiente, por si só, para manter o que foi decidido anteriormente no ato judicial original, aí é necessária a complementação específica pelo recorrente, sob pena de não conhecimento, a teor do art. 932, III, NCPC.

Ora, como se verifica do citado inc. III do art. 932, NCPC quer o legislador que todos os fundamentos sejam impugnados, sob expressa sanção de não conhecimento do recurso. Mas é óbvio que a interpretação aí deve ser sob a lógica da razoabilidade e da instrumentalidade das formas. Sim, só haverá necessidade de impugnação específica se o fundamento mantiver a decisão, por si só.

Assim é que, num exemplo a envolver acidente de trânsito, tem-se que o juiz dá pela procedência do pedido indenizatório, porquanto a prova dos autos revela a embriaguez do réu ao volante de seu veículo. O réu interpõe a apelação, impugnando a sentença no tocante à prova da embriaguez e sua relevância para o acidente. Acontece que, antes disso, o autor ingressa com declaratórios, pelos quais aponta omissão sobre a prova a respeito do excesso de velocidade em que incorreu o réu, o que, por si só, já geraria sua responsabilidade civil e autorizaria, inclusive, o aumento do valor indenizatório para compensar danos morais. O juiz, ao julgar os embargos de declaração, diz que houve, realmente, excesso de velocidade, mas que manteria o *quantum* indenizatório.

Pois bem, neste contexto, o autor, que já havia protocolizado sua apelação, terá que, obrigatoriamente e sob pena de não conhecimento do referido recurso, que complementá-lo e impugnar o excesso de velocidade (art. 1.024, §4º, NCPC e art. 932 III, NCPC). Isso porque, mesmo que afastada a embriaguez pelo tribunal, subsistirá o novo fundamento (excesso de velocidade). E para que este fundamento seja devolvido ao tribunal e, eventualmente afastado, deverá ser impugnado expressamente.

3.5 A ADEQUAÇÃO

É a escolha exata do recurso próprio, o qual haverá de ser aquele previsto em lei para hostilizar determinada decisão.

Assim é que, tendo em vista a decisão interlocutória, cabível é o agravo de instrumento, se previsto no próprio Código ou em outra disposição legal (art. 1.015, NCPC). No que diz com sentença, o caso é de apelação (art. 1.009, NCPC). Quando o objetivo da parte é aclarar omissão, contradição, obscuridade ou erro material, há que se valer dos embargos declaratórios (art. 1.022, NCPC). Havendo afronta, por parte da decisão hostilizada, ao direito federal infraconstitucional e/ou constitucional, poderão ser aviados os recursos especial e/ou extraordinário (art. 1.029, NCPC). Há, ainda, o cabimento de agravo, especificamente contra decisão do Presidente ou Vice-Presidente do Tribunal Recorrido e direcionado ao STJ e/ou STF, para as hipóteses elencadas nos incisos do art. 1.042, NCPC. Há, também, os embargos de divergência, a serem interpostos no STJ ou no STF, nos casos previstos no art. 1.043, NCPC. Por derradeiro, há que se evocar o recurso ordinário, com previsão no art. 1.027, NCPC, e cuja origem é constitucional (art. 102, II, *a* e art. 105, II, *b*, CF), assim como o agravo interno (art. 1.021, NCPC).

O pressuposto da adequação, inobstante ausente invocação expressa no Código, continua incólume. É que o próprio sistema, ao especificar o recurso para cada ato judicial recorrível, abraça o pressuposto de admissibilidade da adequação.

Portanto, a escolha do recurso inadequado pode levar ao não conhecimento do que foi interposto.

Tem-se que ponderar, agora, sobre a **fungibilidade recursal**, a qual funciona como mitigadora do rigor da adequação[11]. A doutrina, mesmo sob a égide do CPC/73, conceitua tal princípio como "aquele pelo qual se permite a conversão de um recurso em outro, no caso de equívoco da parte, desde que não houvesse erro grosseiro ou não tenha precluído o prazo para a interposição. Trata-se de aplicação específica do princípio da instrumentalidade das formas" (DIDIER JR.; CUNHA, 2009, p. 45).

---

[11] O STJ, na vigência do CPC/73, tem sido rigoroso na aplicação da fungibilidade, exigindo que não haja o "erro grosseiro":
PROCESSUAL CIVIL. AGRAVO REGIMENTAL NO AGRAVO EM RECURSO ESPECIAL.IMPUGNAÇÃO AO CUMPRIMENTO DE SENTENÇA. JULGAMENTO. EXECUÇÃO NÃO EXTINTA. RECURSO CABÍVEL. AGRAVO DE INSTRUMENTO. ART. 475-M, § 3º, DO CPC. DECISÃO MANTIDA. 1. Nos termos do art. 475-M, § 3º, do CPC, a decisão que resolve a impugnação ao cumprimento de sentença sem extinção do processo de execução é recorrível por meio de agravo de instrumento. Constitui, portanto, falha inescusável interpor apelação, motivo pelo qual não há falar em aplicação do princípio da fungibilidade recursal. 2. Agravo regimental a que se nega provimento. (AgRg no AREsp 245499/RJ, Ministro ANTONIO CARLOS FERREIRA, *DJe* 04/03/2016).

Ora, com mais razão há que prevalecer a atenuação quanto à adequação, por meio do princípio da fungibilidade, na vigência do novo Código. Isso porque, na locução do parágrafo único do art. 932, NCPC, "antes de considerar inadmissível o recurso, o relator concederá o prazo de 5 (cinco) dias ao recorrente para que seja sanado vício ou complementada a documentação exigível".

Em outras palavras, à vista da aplicação do princípio da primazia do mérito no juízo de admissibilidade recursal, deve o julgador permitir que o recorrente, caso interposto o recurso errado, adapte-o ao correto, a fim de que o juízo de mérito seja invadido. De fato, não é razoável que a mera falha na nomenclatura recursal leve ao não exame do insurgimento do jurisdicionado.

Aliás, o Código, expressamente, aplicou a fungibilidade no campo dos recursos extraordinários *lato sensu*. Refere-se, agora, ao aproveitamento do recurso especial, como se extraordinário fosse, quando o mesmo invoca matéria constitucional. Ou, no sentido contrário, ao aproveitamento do recurso extraordinário, como se especial fosse, quando invoca matéria infraconstitucional. Sim, os arts. 1.032 e 1.033, NCPC permitem esse aproveitamento do recurso inadequado, admitindo, inclusive, a remessa ao tribunal efetivamente competente e a complementação das razões, quando houver necessidade de inserção da repercussão geral (art. 1.032, *in fine*, NCPC).

3.6 A REGULARIDADE FORMAL

Tal pressuposto significa que o recurso deve seguir a formalidade que lhe é imposta pela norma legal.

É evidente que toda forma só se justifica para que seja alcançado um fim almejado. Ora, o mero descumprimento da formalidade, sem que tenha sido prejudicado o fim pretendido, é insuficiente para gerar o não conhecimento do recurso.

De outro lado, impõe dizer que a formalidade há de vir destacada na norma legal, não podendo ser fruto de mero capricho e criação da jurisprudência. Assim é que, por exemplo, no caso do recurso extraordinário, exige o legislador não só a efetiva existência da repercussão geral, mas também a formalidade no sentido de que ela seja demonstrada na peça recursal (art. 1.035, §2º, NCPC). Ainda à guisa de exemplo, tem-se que o legislador exige, nos embargos declaratórios, a indicação específica do erro, obscuridade, omissão ou contradição (art. 1.023, NCPC). Por fim, no caso do agravo de instrumento, em não sendo eletrônicos os autos do processo, exige-se a formalidade quanto à apresentação de cópias das peças elencadas no art. 1.017, inc. I, NCPC.

É relevante pontuar que o novo Código generalizou, agora expressamente, o pressuposto da regularidade formal, quanto à necessidade de haver impugnação específica aos fundamentos da decisão recorrida (art. 932, inc. III, NCPC). Com efeito, dito dispositivo impõe seja não conhecido o recurso que "não tenha impugnado especificamente os fundamentos da decisão recorrida".

Faz-se mister cautela e aplicação do princípio da primazia do mérito, quanto a tal dispositivo.

Isso porque, em primeiro lugar, nada obsta que o relator ou a Turma Julgadora, caso esse se omita, determine ao recorrente a complementação da peça recursal e a impugnação específica sobre o fundamento da decisão (art. 932, parágrafo único, NCPC).

Depois disso, é necessário pontuar que a finalidade de tal requisito é obrigar a parte a impugnar aquele fundamento que, por si só, seja hábil a justificar a manutenção da decisão. Porém, se do arrazoado é possível deduzir o anseio da parte em impugná-lo e compreender a lógica de seu raciocínio, não se justifica obstar o enfrentamento do mérito. O fim terá sido alcançado.

E, mais ainda, deve ser dispensado tal requisito se o fundamento não impugnado referir-se a ponto da decisão do qual a parte não quis, de fato, recorrer.

Com efeito, se o juiz condena a parte ao pagamento de indenização por danos morais e materiais, e o sucumbente só recorre da primeira condenação, estará dispensada, como corolário lógico, de impugnar os fundamentos que justificam a segunda condenação.

O certo é que, verificando a ausência de impugnação e sendo tal circunstância relevante para a instância *ad quem*, afigura-se viável, à luz do citado art. 932 parágrafo único, NCPC, a intimação do recorrente para complementar seu recurso. Em seguida, obviamente e atento ao efetivo contraditório, deverá o julgador ouvir o recorrido. Tal diligência não ofenderia a preclusão consumativa, porquanto, pelo princípio da primazia do mérito, o desejo do legislador foi o de, efetivamente, relativizar tal fenômeno, sempre no afã de privilegiar o desate da lide.

Cabe a derradeira ressalva quanto à necessária boa-fé processual do recorrente (art. 5º, NCPC). Sim, é evidente que tal complementação da peça processual não pode ser usada para corrigir a flagrante intempestividade do recurso. Ora, se o recorrente apresenta pífia peça processual, sem fundamentação e impugnação específicas, não poderá, depois de ultrapassado o prazo recursal, querer se valer da oportunidade de saneamento concedida pelo art. 932, parágrafo único, NCPC. Em casos tais, a complementação funcionaria, na verdade, como verdadeira interposição do recurso fora do prazo, o que não pode ser concebido, sob pena de afronta à segurança jurídica e à isonomia entre as partes[12].

3.7 O PREPARO

Na dicção de Humberto Theodoro Junior (2011, p. 606), o preparo consiste "no pagamento, na época certa, das despesas processuais correspondentes ao processamento do recurso interposto".

O **momento adequado** ao pagamento e à comprovação do preparo é no "ato da interposição do recurso" (art. 1.007, NCPC).

A desatenção a esse pressuposto recursal gera a deserção do recurso e seu não conhecimento.

Houve avanço no novo Código, no tocante à primazia do mérito e sua incidência quanto ao preparo.

Com efeito, se é verdade que o preparo, a rigor, deve ser efetuado no momento da interposição do recurso, não menos certo é que, agora, poderá ser remediada a sua ausência. O §4º do art. 1.007, NCPC permite, mesmo na ausência de qualquer recolhimento no momento da interposição do recurso, que seja intimado o recorrente para efetuá-lo, devendo fazê-lo, contudo, em dobro.

---

12 Há tendência dos tribunais superiores em aplicarem a correção da peça recursal, apenas no que toca aos chamados vícios estritamente formais. Logo, ao ver do STF e do STJ, ao menos na análise isolada e imediata feita por órgãos fracionados, não será viável o acréscimo de fundamentos ao recurso. A propósito, AREs 953221 e 956666, ambos da relatoria do Ministro Luiz Fux (STF). De igual forma, Enunciado Administrativo nº 6 do STJ.

Trata-se aí de permitir a correção de vício, que passa a ser relativo, mas com a sanção decorrente do recolhimento em dobro. Se quando de tal recolhimento em dobro, incorrer em algum erro ou desídia o recorrente e, consequentemente, ficar incompleto o preparo, não será viável mais qualquer correção e será aplicada a deserção (art. 1.007, §5º, NCPC).

Assim como no CPC/73, o novo sistema codificado continua a permitir a complementação do preparo, quando este for efetuado, mas de forma insuficiente. Nessa hipótese, a complementação não se dará em dobro, mas sim no valor regular (art. 1.007, §2º, NCPC).

O prazo para a correção do vício é de 5 (cinco) dias. No caso do preparo insuficiente o legislador assim disse, expressamente (§2º). Na hipótese de ausência de preparo, inobstante o legislador não tenha feito referência expressa ao prazo, impõe-se que seja também de 5 (cinco) dias, por uma questão de interpretação sistemática e que observe a isonomia. Se o magistrado se omitir quanto ao prazo, este terá que ser obrigatoriamente de 5 (cinco) dias, a teor do que estabelece o art. 218, §3º, NCPC.

Outras duas observações são relevantes: a) nos processo em **autos eletrônicos**, por razões óbvias, não haverá o recolhimento de porte de remessa, sendo exigível, contudo, o valor pertinente às custas (art. 1.007, §3º, NCPC); b) não se admitirá mais a deserção, apenas por algum **equívoco no preenchimento da guia**, o que compreende todo e qualquer problema relacionado à comprovação formal do pagamento, devendo sempre ser sanado o vício por determinação do relator (art. 1.007, §7º, NCPC).

De outro lado, estão dispensados do preparo o **Ministério Público, a União, Estados, o Distrito Federal e Municípios e respectivas autarquias**, bem como a **parte que gozar de isenção legal** (art. 1.007, §1º, NCPC), incluindo-se aí aquele que estiver litigando com as benesses da gratuidade da justiça.

Quanto ao recorrente que estiver sob o pálio da **gratuidade da justiça**, houve por bem o novo CPC resolver temas que geravam polêmicas na jurisprudência.

Com efeito:

a) A gratuidade da justiça pode ser requerida a qualquer instante (art. 99, *caput* e §1º, NCPC), inclusive em recurso. Nessa última hipótese, "o recorrente estará dispensado de comprovar o recolhimento do preparo, incumbindo ao relator, neste caso, apreciar o requerimento e, se indeferi-lo, fixar prazo para realização do recolhimento" (art. 99, §7º, NCPC).

b) Contra a decisão que indeferir a gratuidade, seja interlocutória seja sentença, caberá o recurso adequado, sendo que o recorrente estará dispensado de recolher o preparo até decisão do relator sobre a questão (art. 101, §1º, NCPC). Caso seja negada ou revogada a benesse, o relator ou o órgão colegiado determinará o recolhimento no prazo de 5 (cinco) dias, sob pena de deserção (art. 101, §2º, NCPC).

c) Na hipótese do recurso versar, **exclusivamente**, sobre valor de honorários de sucumbência, deverá ser recolhido o preparo mesmo que a parte esteja sob o pálio da gratuidade, a não ser que o próprio advogado demonstre deter também direito à gratuidade (art. 99, §5º, NCPC). A ideia desse dispositivo é guardar coerência com aquele outro que privilegia a titularidade do advogado quanto aos honorários de sucumbência (art. 85, *caput* e §14, NCPC). Cabe destacar que os advogados públicos só estarão obrigados ao recolhimento do preparo em recursos que versem exclusivamente sobre honorários, mesmo no caso de isenção daqueles que representam, **caso a lei de regência atribua-lhes <u>integralmente</u> a verba sucumbencial** (art. 85, §19, NCPC). Do contrário, o interesse da parte isenta, ainda que parcial, atrai a isenção global do recurso.

Por derradeiro, cabe consignar que o legislador manteve hipótese em que será relevada a deserção, desde que o recorrente comprove "justo impedimento" para efetuar o preparo (art. 1.007, §6º, NCPC). Naturalmente que tal situação fática haverá de ser cabalmente comprovada e não decorrer de desídia do recorrente. A decisão que relevar a deserção é irrecorrível, conforme dicção do citado §6º do art. 1.007, NCPC. Porém, como o relator é delegatário das atribuições do colegiado, poderá este, quando do exame do recurso, decidir de forma contrária ao que foi preconizado por aquele.

4

PRESSUPOSTOS GENÉRICOS DE ADMISSIBILIDADE APLICADOS AO RECURSO ESPECIAL

4.1 LEGITIMIDADE

Quanto à legitimidade para a interposição do recurso especial, nada há a ser acrescido além do que já foi pontuado no item 3.2.

De fato, podem interpor o recurso especial, além das próprias partes, o terceiro prejudicado e o Ministério Público.

4.2 INTERESSE

O interesse recursal, quanto ao recurso especial, regula-se também pelo art. 996, NCPC. Logo, o que foi aduzido no item 3.3 tem aplicação ao recurso especial.

Situação curiosa resultaria da circunstância de, em determinado acórdão, haver sido exarado um fundamento desfavorável ao que saiu vencedor na demanda, que logrou o resultado positivo em face do acolhimento de outro fundamento.

É que, de um lado, é claro que poderá a parte sucumbente interpor recurso especial contra o acórdão, atacando, naturalmente, o fundamento que lhe foi adverso.

A dúvida estaria em saber se caberia interesse recursal ao próprio vencedor, para se precaver quanto àquele específico fundamento do acórdão que lhe foi contrário.

Sim, porquanto, se for infirmado pelo STJ o fundamento que dava guarida ao acórdão, poderá o vencedor em 2a instância ficar no prejuízo, porque não recorreu daquele outro fundamento que lhe foi contrário. Isso porque, a rigor, poder-se-ia dizer que o STJ não poderia examinar aquele fundamento não impugnado pelo interessado.

Acontece que o STJ não pode ser visto como uma simples Corte de cassação, que se guia pelos fundamentos invocados pelo recorrente.

Sim, se o *especial* é conhecido pela Corte, compete aos Ministros integrantes da Turma, a partir de tal instante, verificar, a par do fundamento recursal, aqueles outros que foram debatidos na instância de origem, independentemente de invocação em contrarrazões pelo recorrido.

O que não se afigura correto, ao meu sentir, é que, mesmo sem razão em face de outra particularidade da lide, a parte que aforou o recurso especial tenha êxito apenas porque é procedente uma isolada argumentação sua.

Conhecido o recurso especial, sem que se proceda a reavaliações de cunho fático e probante (Súmula 07, STJ), deve o STJ apreciar não só o fundamento recursal, mas todos os demais contornos da lide.

Aliás, com propriedade, e em sede de embargos de divergência, a 2ª Seção do STJ já preconizou:

> Processo Civil. Recurso Especial. Técnica de Julgamento. Conhecido o recurso especial, o Tribunal deve aplicar o direito à espécie (RISTJ, art. 257), tenham ou não as respectivas contrarrazões se reportado à questão influente no desate da lide, oportunamente ativada nas instâncias ordinárias. Embargos de divergência acolhidos (Embargos de Divergência em REsp 20.645-SC, rel. Min. Ari Pargendler, *DJ* 01.08.03).

Cabe o acréscimo de que o legislador, em coesão com o raciocínio até aqui desenvolvido, estabeleceu no parágrafo único do art. 1.034, NCPC, que, "admitido o recurso extraordinário ou o recurso especial por um fundamento, devolve-se ao tribunal superior o conhecimento dos demais fundamentos para a solução do capítulo impugnado".

Em assim sendo, pode-se imaginar certa situação em que o STJ, por exemplo, estaria por acolher ofensa a determinada norma de direito federal infraconstitucional, com base no entendimento que se aplica, num caso de indenização, a responsabilidade civil objetiva (sem necessidade da prova da culpa ou dolo). Porém, se o mesmo STJ verificar que, embora rejeitada nas instâncias ordinárias, incide o fenômeno da prescrição, deverá sim decretá-la e extinguir o processo por força de tal prejudicial de mérito. Veja-se que o vencedor nas instâncias ordinárias não detinha interesse recursal para provocar o STJ a acolher a prescrição, exatamente porque não experimentara a derrota. Ainda assim o efeito translativo do recurso especial força a análise do tema, para que a lide seja equacionada por completo[13].

É importante destacar que, se a matéria conhecida estiver sendo analisada de ofício, deverá o STJ ouvir a parte contrária, considerando o efetivo contraditório (arts. 9º, 10 e 933, NCPC).

Por fim, tal como já sinalizado no item 3.3, tem-se, com o advento do Código Processual de 2015, a ampliação do interesse recursal como decorrência da instituição da sucumbência jurídica.

Com efeito, o art. 503, §1º do CPC/15 estabelece a incidência dos efeitos da coisa julgada material também para a decisão, transitada em julgado, acerca da **questão prejudicial**. Ou seja, mesmo vencedora na disputa ao redor da **questão principal**, poderá a parte interpor recurso, a fim de que seja alterada pela instância *ad quem* a deliberação sobre **questão prejudicial** sobre a qual foi derrotada. É que esta decisão sobre a **questão prejudicial** poderá afetar discussões futuras, na medida em que, como dito, gerará também, uma vez transitada em julgado, a coisa julgada material.

Isso significa que o recurso especial poderá ser interposto contra a decisão do tribunal que deliberou sobre questão prejudicial, ainda que o recorrente tenha saído vitorioso na questão principal.

---

13 PROCESSUAL CIVIL. EMBARGOS DE DECLARAÇÃO. RECURSO ESPECIAL. INADMISSÃO. EFEITO TRANSLATIVO. PREJUDICADO.
1. As matérias de ordem pública, ainda que desprovidas de prequestionamento, podem ser analisadas excepcionalmente em sede de recurso especial, cujo conhecimento se deu por outros fundamentos, à luz do efeito translativo dos recursos. Precedentes do STJ: REsp 801.154/TO, *DJ* 21.05.2008; REsp 911.520/SP, DJ 30.04.2008; REsp 869.534/SP, *DJ* 10.12.2007; REsp 660519/CE, *DJ* 07.11.2005.
(...)
4. Embargos de Declaração rejeitados. (EDcl nos EDcl no REsp 645.595/SC, Rel. Ministro LUIZ FUX, PRIMEIRA TURMA, julgado em 21/08/2008, *DJe* 22/09/2008).

4.3 TEMPESTIVIDADE

Sobressai do art. 1.003, §5º do NCPC, de forma clara, que o prazo para a interposição do recurso especial é de 15 (quinze) dias, a contar, naturalmente, da intimação sobre o acórdão recorrido.

A interrupção do prazo dar-se-á com o protocolo da petição recursal, podendo acontecer por qualquer das modalidades admitidas pela lei de organização judiciária local, conforme permissivo claro do art. 1.003, §3º, NCPC. Nesse passo, consagra-se a viabilidade de utilização do protocolo integrado, restando sepultada restrição sumular – já cancelada antes da vigência do novo código – consubstanciada na Súmula 256, STJ.

Estará superada pelo novo CPC, outrossim, a Súmula 216, STJ[14], eis que, agora com previsão expressa e abrangente, o novo código estabeleceu que "para aferição da tempestividade do recurso remetido pelo correio, será considerado como data de interposição a data de postagem" (art. 1.003, §4º, NCPC).

De outra banda, cabe salientar sobre séria particularidade em torno do art. 1.026, NCPC.

É que, como sobressai da referida norma processual, "os embargos de declaração... interrompem o prazo para a interposição de recurso".

Todavia, como parece curial, só haverá essa interrupção caso os embargos sejam conhecidos pelo Tribunal de Origem. Caso contrário, o recurso especial que se seguir poderá estar, irremediavelmente, intempestivo.

De maneira que, se o advogado deparar com decisão que, de forma equivocada, não conhece de seus embargos, deve, quando da interposição do recurso especial, tomar a cautela de invocar a afronta ao art. 1.026, NCPC para que seja transposto esse obstáculo. Afastado pelo STJ o não conhecimento dos embargos, aí, sim, poder-se-á considerar tempestivo o recurso especial, cujo prazo teve o curso validamente interrompido por força da norma do art. 1.026, NCPC.

---

14 Súmula 216, STJ – "A tempestividade de recurso interposto no Superior Tribunal de Justiça é aferida pelo registro no protocolo da secretaria e não pela data da entrega na agência do correio".

Na verdade, o que se percebe, no cotidiano forense, é confusão entre juízo de mérito e juízo de admissibilidade nos embargos declaratórios. Com efeito, não raras vezes deixam os tribunais de origem de conhecer os embargos, sob o fundamento de que não se mostram presentes no acórdão embargado os vícios apontados (omissão, obscuridade, contradição e erro material - art. 1.022, NCPC). Acontece que o não conhecimento de qualquer recurso está atrelado à ausência de pressupostos de admissibilidade, sendo que, no caso dos embargos declaratórios, eles limitam-se à tempestividade e à regularidade formal. Em outras palavras, desde que tempestivos e que tenha sido apontado o vício, pontualmente (art. 1.023, NCPC), os embargos devem ser conhecidos. Se o vício não se faz presente ao ver do tribunal, é o caso de negar provimento aos embargos declaratórios.

Diante dessa confusão, a jurisprudência mais autorizada já vinha ignorando o não conhecimento dos embargos declaratórios, quando tal se dava por equívoco do tribunal, considerando, assim, interrompido o prazo para o recurso especial. Dessa forma era feito, independente mesmo de apontamento de ofensa ao art. 538, CPC/73 (equivalente ao atual 1.026, NCPC). Agora, parece que a adoção do princípio da primazia do mérito, inclusive no campo recursal, aliada ao que estabelece o art. 1.025, NCPC, termina por sedimentar tal entendimento.

Ora, o citado art. 1.025, NCPC, ao tratar do prequestionamento (requisito específico de admissibilidade a ser estudado adiante), e afirmar que tal fenômeno estará atendido, mesmo quando os embargos declaratórios SEJAM INADMITIDOS, procurou minimizar o reflexo prático da mencionada confusão entre admissibilidade e mérito recursais.

Em outras palavras, independente da nomenclatura adotada pela súmula do julgamento, <u>não</u> será interrompido o prazo ao recurso especial, caso os declaratórios que o antecederam estejam fora do prazo ou sem observar a regularidade formal[15]. No sentido contrário, tem-se que, se, mesmo afirmado pelo tribunal que está a não conhecer dos embargos declaratórios,

---

[15] "Os embargos declaratórios interpostos intempestivamente não têm o condão de interromper os prazos para a interposição de outros recursos, pelo que resta também extemporâneo o agravo regimental..." (STJ, AgRg nos EDcl nos EDcl no Ag 1168964/MS, rel. Min. Aldir Passarinho Junior, *DJe* 07/10/2010).

haverá interrupção do prazo ao recurso especial, se aqueles primeiros estavam dentro do prazo e atentos à regularidade formal[16].

4.4 ADEQUAÇÃO

Em primeiro lugar, convém lembrar não ter cabimento o recurso especial contra acórdão que, em impetração feita perante o próprio Tribunal, denegou mandado de segurança.

É que, em casos tais, o *recurso adequado* é o "recurso ordinário", com previsão no art. 105, II, *b*, CF e 1.027, NCPC, o qual tem cabimento nos casos de "mandados de segurança decididos em única instância pelos Tribunais Regionais Federais ou pelos tribunais dos Estados, do Distrito Federal e Territórios, quando denegatória a decisão".

Contudo, é de se ver que, em sendo *concedida a segurança*, cabível é a interposição de recurso especial, que, aí, será manejado pela autoridade apontada como coatora e/ou pela pessoa jurídica que esta representa, pelo litisconsorte passivo (art. 24 da Lei 12.016/09), ou até mesmo pelo Ministério Público.

Em segundo lugar, há que se frisar não haver cabimento de recurso especial contra decisão de Turma Recursal do Juizado Especial.

Isso porque, da correta leitura do art. 105, III da Constituição Federal, destaca-se a conclusão de que o recurso especial é cabível contra decisões dos *Tribunais*. Ocorre que os órgãos recursais dos Juizados Especiais não se identificam como Tribunais. E, em assim ocorrendo, contra suas decisões não cabe o recurso especial.

---

16 "1. Consoante entendimento consolidado do Superior Tribunal de Justiça, os Embargos de Declaração são oponíveis em face de qualquer decisão judicial e, uma vez opostos, ainda que não conhecidos ou não acolhidos, interrompem o prazo de eventuais e futuros recursos, com exceção do caso em que são considerados intempestivos ou manifestamente incabíveis, circunstâncias diversas dos presentes autos.
2. Na hipótese, não obstante o magistrado tenha utilizado a expressão não conheço dos Embargos de Declaração, adentrou do exame de mérito, havendo, por conseguinte, interrupção do prazo recursal" (AgRg no REsp 1210251/PR, rel. Min. Napoleão Nunes Maia Filho, *DJe* 30/09/2015).

Aliás, já existe a Súmula 203, STJ, cujo teor ressalta que "não cabe recurso especial contra decisão proferida por órgão de Segundo Grau dos Juizados Especiais".

Em terceiro lugar, deve-se insistir que há clara dicotomia entre as espécies de recursos extraordinários *lato sensu*, ou seja, o recurso extraordinário propriamente dito é julgado pelo Supremo Tribunal Federal e versa só sobre matéria constitucional, ao passo que o recurso especial é julgado pelo Superior Tribunal de Justiça e trata apenas de matéria federal infraconstitucional.

Mas, como adiantado no capítulo 2, o novo código adotou, expressamente, a fungibilidade entre estes recursos. Sim, os arts. 1.032 e 1.033, NCPC adotam, em atenção à primazia do mérito, tal possibilidade, com permissão, inclusive, para a concessão de prazo para a apresentação da repercussão geral, caso haja convalidação de *especial* em *extraordinário*.

4.5 REGULARIDADE FORMAL

A regularidade formal, com relação ao recurso especial, pode ser identificada no art. 1.029, NCPC e seus incisos.

Com efeito:

> Art. 1.029. O recurso extraordinário e o recurso especial, nos casos previstos na Constituição Federal, serão interpostos perante o presidente ou o vice-presidente do tribunal recorrido, em petições distintas que conterão:
>
> I - a exposição do fato e do direito;
>
> II - a demonstração do cabimento do recurso interposto;
>
> III - as razões do pedido de reforma ou de invalidação da decisão recorrida.

Do *caput* do precitado artigo sobressai a regra de que o recurso especial será, sempre, interposto perante o Presidente ou Vice-Presidente do Tribunal Recorrido.

Demais disso, deve-se enfatizar a impossibilidade óbvia de que o recurso especial seja veiculado em mesma petição que o recurso extraordinário, eventualmente também aviado.

Já os três incisos do art. 1.029, NCPC, na realidade, só acrescentam, em comparação aos demais recursos, o pressuposto específico de que se faça a demonstração do cabimento do recurso especial.

É que, do que se viu e ainda será examinado, há pressupostos específicos ao cabimento do recurso especial, por exemplo o prequestionamento e a existência de matéria estritamente jurídica.

Por isso é cauteloso que o advogado mostre, ainda que perfunctoriamente, o atendimento a específicos e notórios pressupostos de cabimento do recurso especial, em seu arrazoado recursal.

Cabe destacar, ainda, ser o caso de não conhecimento do *especial*, por inobservância de regularidade formal, a ausência de indicação, na hipótese de acusação de o acórdão "contrariar tratado ou lei federal, ou negar-lhes vigência", do preciso, adequado e específico artigo de lei federal violado.

Aliás, incide, também no STJ, o rigor da Súmula 284 STF, aplicável nos casos em que o recorrente não indica, com precisão e acerto, o artigo legal vulnerado.

Realmente, "é inadmissível o recurso extraordinário, quando a deficiência na sua fundamentação não permitir a exata compreensão da controvérsia" (Súmula 284, STF).

Por exemplo, colhe-se do REsp 423.158-DF, da relatoria do eminente Ministro Félix Fischer, haver "impossibilidade de se conhecer do recurso, em face da deficiência na sua fundamentação, pois o recorrente sequer indicou o dispositivo legal que considerou violado (Súmula 284)" (*DJU* 09.09.02).

Destarte, inobstante em casos que revelem teses bem fundamentadas e de alto valor jurídico haja uma mitigação desse rigor por parte do STJ (REsp 1.627-0-GO, rel. Min. Bueno de Souza, *RSTJ* 39/341), não se deve, em hipótese alguma, incorrer em omissão ou equívoco quanto ao apontamento ao artigo de lei tido como violado. Todavia – verdade seja dita – que, com a incidência do princípio da primazia do mérito também ao recurso especial (art. 1.092, §3º, NCPC[17]), tem-se, com mais razão, tendência em superar equívocos quanto à indicação do dispositivo ofendido, desde que o tema jurídico seja corretamente explorado e não haja dificuldade em compreender o insurgimento.

[17] Art. 1.029, §3º "O Supremo Tribunal Federal ou o Superior Tribunal de Justiça poderá desconsiderar vício formal de recurso tempestivo ou determinar sua correção, desde que não o repute grave".

No tocante ao recurso especial fundado em divergência jurisprudencial, é indispensável, também a título de regularidade formal, o correto cotejo analítico entre os julgados postos em confronto.

Contudo, pela sua especificidade, este tema será apreciado, com mais detalhamento, no capítulo dedicado aos pressupostos específicos ao recurso especial.

4.6 PREPARO

Por fim, há um derradeiro pressuposto de aplicação genérica, e que, como é curial, também há de ser observado quando da interposição do recurso especial.

Cuida-se, agora, do preparo, cuja previsão está no art. 1.007, NCPC.

Aplica-se, aqui também ao recurso especial, todo o novo regramento do preparo já estudado no capítulo 3.

Pode-se ter como certo, portanto, que a jurisprudência rigorosa do STJ aplicada na vigência do código revogado, acerca do preparo e da inviabilidade de sua correção[18], está superada. Ou seja, mesmo no recurso especial, a ausência ou insuficiência do preparo são corrigíveis, na forma do art. 1.007, §§2º e 4º, NCPC. Da mesma forma, não tem relevância algum equívoco na guia de recolhimento do preparo, vício este também sanável (art. 1.007, §7º, NCPC), inclusive em se tratando de recurso especial.

Se não bastasse a ausência de restrição ao recurso especial nos dispositivos legais que tratam do preparo, é inegável que se aplica aqui a primazia do mérito. De fato, o legislador, para evitar a reiteração da danosa *jurisprudência defensiva*, tratou de especificar a possibilidade de saneamento dos vícios formais do recurso especial, a teor do já citado art. 1.029, §3º, NCPC.

---

[18] "O entendimento desta Corte Superior é no sentido que a falta de correspondência entre o número do código de barras da guia de recolhimento e o comprovante bancário demonstra irregularidade no preparo do recurso especial, tornando-o, portanto, deserto. Não é possível a comprovação posterior do preparo, ainda que o pagamento das custas tenha se dado dentro do prazo recursal, ante a ocorrência da preclusão consumativa" (AgRg no AREsp 619794/SC, rel. Ministro RICARDO VILLAS BÔAS CUEVA, *DJe* 27/10/2015).

5

PRESSUPOSTOS ESPECÍFICOS DE ADMISSIBILIDADE DO RECURSO ESPECIAL

5.1 INTRODUÇÃO

Como já salientado, o recurso especial tem uma finalidade tida como nobre, que é a de uniformizar a aplicação da norma infraconstitucional.

Os recursos até a 2ª instância, inseridos no contexto do duplo grau de jurisdição, objetivam assegurar e dar eficácia ao referido princípio. Por isso mesmo têm em mira a perfeita aplicação da justiça. Esses recursos pretendem fazer justiça às partes.

Em contraposição a esse sistema, a Constituição Federal estipulou os chamados recursos extraordinários *lato sensu*, que são aqueles que têm como objetivo precípuo - repita-se - a uniformização do Direito Federal, tentando fazê-lo respeitado em todos os juízos de nossa federação.

Logo, no âmbito desses recursos extraordinários *lato sensu*, os tribunais objetivam o interesse público, que reside nessa correta interpretação das normas federais e na uniformização de sua aplicação. Apenas como mera consequência dessa interpretação e uniformização, é que se aplica o direito ao caso concreto.

O recurso especial, julgado pelo Superior Tribunal de Justiça, insere-se aí.

Daí decorre que, em se tratando de recurso especial, é relevante a matéria de direito discutida, não no que diz com o interesse das partes, mas, isto sim, pela repercussão que a decisão do STJ terá para os aplicadores do Direito e os jurisdicionados de forma geral.

Dessa conotação do recurso especial sobressaem alguns pressupostos de admissibilidade, estes específicos a tal modalidade recursal.

Alguns desses relevantes pressupostos específicos de admissibilidade do recurso especial deverão, agora, ser destacados e analisados.

É importante registrar, desde já, acerca do tema, que, inobstante os pressupostos específicos de admissibilidade tenham sido *trabalhados* pela jurisprudência dos tribunais superiores, a sua origem está, na verdade, na própria Constituição Federal. A prevalência desse interesse na harmonização da jurisprudência acerca do direito federal é nítida, ao deter-se na leitura dos permissivos ao recurso especial estabelecidos pela Constituição. Ali no art. 105, III da Lei Maior está evidente que o objetivo do recurso especial é permitir que o STJ pacifique a interpretação do direito federal, desde que sua intervenção seja indispensável e não possa ser suprida pelas próprias instâncias ordinárias. Não se move o STJ, ao julgar o recurso especial, pelos interesses das partes ou mesmo pelo anseio de aplicar a justiça ao caso concreto. O que orienta e justifica o conhecimento e julgamento de determinado recurso especial é a natureza jurídica da controvérsia, que precisa ser pacificada pelo STJ para que todos os juízos e instâncias apliquem, de maneira uniforme, o posicionamento da Corte.

Considerando essas premissas, é que os tais pressupostos específicos de admissibilidade foram inseridos no corpo da Constituição.

5.2 A RELEVÂNCIA DO TEMA RECURSAL E A PROPOSTA DE EMENDA CONSTITUCIONAL PARA NOVO PRESSUPOSTO DE ADMISSIBILIDADE

Tramita no Congresso Nacional a PEC 209/2012, a qual pretende inserir o §1º ao art. 105 da Constituição Federal, com a seguinte redação:

> No recurso especial, o recorrente deverá demonstrar a relevância das questões de direito federal infraconstitucional discutidas no caso, nos termos da lei, a fim de que o Tribunal examine a admissão do recurso, somente podendo recusá-lo pela manifestação de dois terços dos membros do órgão competente para o julgamento.

Ou seja, propõe-se um pressuposto específico de admissibilidade novo como condição ao conhecimento do recurso especial. Trata-se da exigência de relevância da questão recursal, a qual teria que ser esmiuçada por lei que regulamentaria o dispositivo constitucional.

O que move a proposição, tal como se lê da respectiva exposição de motivos, é o volume exagerado de processos que chegam ao STJ, vários deles envolvendo temas repetidos ou de menor relevância para a Corte.

Acredito, em que pese a iniciativa da proposta partir do próprio STJ e mesmo a nobreza e correção da motivação exposta, ser inoportuna a alteração constitucional.

A uma, porque vivemos momento de recente ingresso no nosso sistema de um novo código de processo civil, o qual exigirá exatamente do Superior Tribunal de Justiça intenso trabalho de interpretação. E a provocação ao STJ dar-se-á por meio do recurso especial, razão pela qual se revela inconveniente erigir-se tal pressuposto rígido de admissibilidade neste momento.

A duas, porque o referido *novel* código processual traz pioneiros instrumentos de estabilização de jurisprudência nos tribunais de 2º grau, o que acabará por desestimular recursos ao STJ sobre os temas pacificados. Com efeito, a Assunção de Competência (art. 947, NCPC) e o Incidente de Resolução de Demandas Repetitivas (arts. 976 a 987, NCPC) permitirão aos tribunais estaduais pacificar diversos temas e com aplicação compulsória dos enunciados pacificadores, inclusive aos juízos de 1ª instância.

A três, porque – e aí novamente o CPC de 2015 – o próprio recurso especial, doravante, quando decidido como representante de controvérsia, obrigará a aplicação da respectiva decisão a todos os processos das instâncias inferiores (art. 1.040, NCPC). Eventuais recursos que insistirem em teses pacificadas não chegarão ao STJ (art. 1.030, II, NCPC), ainda que a padronização tenha sido feita equivocadamente (art. 1.030, §2º, NCPC), só sendo viável reexame pelo próprio tribunal de 2ª instância. E – cabe destacar – por proposta dos Tribunais Superiores, foi acrescido dispositivo ao novo código processual que veda a interposição de reclamação até eles, quando descumprido o enunciado advindo do julgamento de recurso representativo de controvérsia por instâncias inferiores, salvo se já esgotados os recursos ordinários (Lei 13.256/16). Ou seja, o próprio código processual criou institutos pacificadores nas instâncias anteriores ao STJ e, de outro lado, impediu que aquela Corte Superior seja molestada por reclamações quando descumpridos os enunciados pacificadores.

Muito, pois, já foi feito no plano legal e mesmo jurisprudencial para diminuir a notória sobrecarga de trabalho no STJ.

Convenhamos que, agora, é necessário um pouco mais de paciência, de forma a aguardar-se a proliferação de decisões pacificadoras, tanto no STJ e STF, quanto nos tribunais de 2º grau. Diversos temas, impulsionados pelos instrumentos novos corporificados pelo Código Processual de 2015, serão pacificados e com incidência obrigatória a todas as instâncias. Isso trará, como natural consequência, segurança jurídica e diminuição de recursos ao STJ.

Em outras palavras, o funcionamento do STJ, voltado a temas de maior relevância, entrará em prática de forma natural e sem impedir que o direito federal seja efetivamente enfrentado pela Corte.

A repercussão geral, pressuposto similar já existente para conhecimento de recurso extraordinário, e que é invocada como bom exemplo a justificar instituto similar para o recurso especial, foi bem aceita sim pela comunidade jurídica e alcançou a finalidade pretendida. Diferente, porém, é o cenário no STF. Lá, discutem-se assuntos já limitados à própria Constituição Federal, os quais potencialmente detêm relevância jurídica, social, econômica ou política, o que viabiliza, naturalmente, o preenchimento da repercussão geral e o conhecimento do recurso extraordinário. E, de outro lado, o que não tiver repercussão admitida pela Corte, ficará inviabilizado de chegar à mesma. Mas, no caso do STJ, os temas de direito federal infraconstitucional são muito mais numerosos e precisam ser pacificados pelo STJ. Para tanto, é necessário tempo, não sendo, portanto, o atual momento propício para a delimitação pretendida, pois muito ainda há a pacificar.

Todavia, se o referido pressuposto de admissibilidade for aprovado pelo Congresso Nacional, parece-me inexorável que a lei regulamentadora seja mais ampliativa, se comparada com o regramento da repercussão geral (STF).

Ora, no caso da repercussão geral é mister que a questão controvertida tenha relevância "do ponto de vista econômico, político, social ou jurídico que ultrapassem os interesses subjetivos do processo" (art. 1.035, §1º, NCPC). Se aplicado ao recurso especial um filtro tão rigoroso, teremos, por exemplo, normas do novo código de processo civil, merecedoras de pacificação, e que não alcançarão o STJ, eis que não detentoras de tal relevância. Ou, em outro exemplo, poderemos ter cobranças bancárias novas e ilícitas, mas que por conterem menor importância econômica, deixarão de ser examinadas pela Corte.

É certo que o STJ não julga, precipuamente, as causas, sob a ótica subjetiva. Ao revés, compete-lhe, na análise de recursos especiais, dizer o que pensa sobre temas jurídicos, para que, assim, traga segurança jurídica e uniformização do Direito. Por isso temas que afetam apenas as partes não deveriam lhe dizer respeito, eis que isso se resolve nas instâncias inferiores. Acontece que o filtro, sob essa ótica, já é feito pelos pressupostos rígidos de admissibilidade aqui estudados, a exemplo do prequestionamento e da impossibilidade de discutir-se matéria fática (Súmulas 05, 07 e 211, STJ). Se for imposto, ainda assim, o pressuposto da relevância da matéria recursal, creio que ele deve ser menos rigoroso que a repercussão geral aplicada pelo STF, de maneira que a lei que o regulamentar deverá ser criativa, e admitir, por exemplo, que temas com potencial para gerar inúmeras causas, ainda que não detenham destaque político, jurídico, econômico ou social, sejam entendidos como relevantes para efeito de admissão do recurso especial.

5.3 O PREQUESTIONAMENTO

5.3.1 Origem e conceito

A Constituição Federal, ao prever a hipótese de recurso especial, estabeleceu que caberá ao STJ "julgar, em recurso especial, as causas decididas..." (art. 105, III, *a*).

Ora, ao exigir uma decisão ("causas decididas"), pareceu, ao ver da jurisprudência do STJ, que o legislador constituinte não contemplou a hipótese de recurso especial quando a matéria nele invocada estiver fora do raio de pronunciamento do acórdão recorrido.

Sim, pois se não houver pronunciamento sobre a matéria, é de dizer-se que sobre ela não ocorreu decisão.

Daí porque é mais correto afirmar que, na real verdade, a origem do prequestionamento está no próprio texto constitucional, sendo inexato dizer que tal pressuposto é criação, exclusivamente, jurisprudencial. É verdade que a jurisprudência ampliou o alcance do instituto, mas sua origem – repita-se – é constitucional.

O certo é que compete à parte, que irá ingressar com o recurso especial, provocar o prequestionamento.

Vale dizer que, na instância ordinária, deve a parte levantar a matéria, para que esta seja apreciada pelo Tribunal, e, uma vez ocorrido esse pronunciamento, aí sim poder-se-á dizer que ocorreu o prequestionamento. Esse pronunciamento pelo tribunal é que, efetivamente, faz com que seja caracterizado o prequestionamento.

Já no STF a questão vinha enfocada por duas súmulas:

- "Súmula 282 – É inadmissível o recurso extraordinário, quando não ventilada, na decisão recorrida, a questão federal suscitada."
- "Súmula 356 – O ponto omisso da decisão, sobre a qual não foram opostos embargos declaratórios, não pode ser objeto de recurso extraordinário, por faltar o requisito do prequestionamento."

Portanto, o prequestionamento já era adotado desde o tempo em que o Supremo Tribunal Federal decidia, também, as questões de índole infraconstitucional.

Esta exigência foi mantida pelo STJ, tanto que, atualmente, vigora o seguinte enunciado sumular daquela Corte:

> Súmula 211 – Inadmissível recurso especial quanto à questão que, a despeito da oposição de embargos declaratórios, não foi apreciada pelo tribunal *a quo*.

Enfim, o que se pode conceituar como sendo o prequestionamento?

A meu sentir, o prequestionamento se opera pela manifestação do Tribunal a respeito de determinada questão posta em discussão, pouco importando a referência explícita ou não ao artigo de lei que seja pertinente.

Ressalte-se, mais ainda, que *não* é indispensável o prévio debate sobre a questão, já que esta pode surgir no próprio acórdão recorrido.

No âmbito do recurso extraordinário, já se manifestou Wagner Amorim Madoz da seguinte forma:

> O fundamental é que a questão constitucional esteja presente na decisão extraordinariamente recorrida, que o debate constitucional tenha sido objeto de apreciação pela instância *a quo*, e que pode surgir independentemente de provocação das partes. (NERY JR., Nelson; WAMBIER, Teresa Arruda Alvim (Coord.). *Aspectos polêmicos e atuais dos recursos cíveis*. São Paulo: RT, 2006, p. 614, v. 9).

Lembra, com propriedade, José Miguel Garcia Medina:

> Pode ocorrer, contudo, que, apesar de não haver menção das partes acerca da questão constitucional ou federal, o Tribunal se manifeste a respeito (*jura novit curia*), aplicando a Constituição ou lei federal, ou, ainda, conheça de questão de ordem pública, apesar de não ter havido manifestação das partes. (*O prequestionamento nos recursos extraordinário e especial*. 4. ed. São Paulo: RT, 2005, p. 331)

Dessa ótica, e ainda ao meu falível modo de ver, é equivocada a dicotomia feita, inclusive pela jurisprudência do STJ, a respeito de prequestionamento explícito e implícito.

Com efeito, o tema será prequestionado desde que seja abordado pelo Tribunal. Se não houve referência ao artigo da lei, mas ocorreu o debate sobre o tema jurídico, houve o prequestionamento. Simplesmente, deu-se o prequestionamento, não sendo, aí, implicitamente.

Já se o acórdão recorrido não materializar o seu entendimento sobre o tema, por meio das manifestações dos magistrados que o prolataram, inexistirá o prequestionamento.

Se o acórdão enfrentar o tema, inclusive com citação expressa do artigo legal, haverá prequestionamento, sendo redundante e equivocada a referência à expressão prequestionamento explícito.

Desde que abordado o tema jurídico, com ou sem citação do artigo legal, já há o prequestionamento.

Todavia, como já salientado, o STJ vem prestigiando essa nomenclatura. Aliás, a jurisprudência consolidou o cabimento daquilo que é chamado de "prequestionamento implícito".

Veja-se que, a partir dos Embargos de Divergência nos REsp 181.682-PE, 144.844-RS e 155.321-SP, houve pacificação no STJ sobre o tema.

Com efeito, decidiu-se que, "sendo a matéria conhecida, e devidamente explicitada a questão federal, com o tema colocado sob confronto, a omissão do preceito legal, por si só, não afasta a apreciação do recurso especial" (Embargos de Divergência no REsp 155.321-SP, rel. Min. Hélio Mosimann, *DJU* 19.04.99). Em outras palavras:

> Prequestionamento é pressuposto do Recurso Especial; representa o tema decidido na instância originária e trazido pelo Recorrente ao Superior Tribunal de Justiça. Desnecessário indicar o artigo de lei incidente na espécie. *Narra mihi factum tibi ius.* (Embargos de Divergência no REsp 144.844-RS, rel. Min. Luiz Vicente Cernicchiaro, *DJU* 28.06.99).

Realmente, depois desses precedentes, o STJ passou a decidir, constantemente, que

> esta Corte, através de seu Órgão Especial, posicionou-se no sentido de que a violação à determinada norma legal ou dissídio sobre sua interpretação, não requer, necessariamente, que tal dispositivo tenha sido expressamente mencionado no v. acórdão do Tribunal de origem", sendo que tal proceder '*cuida-se do chamando prequestionamento implícito*' (Cf. EREsp nºs. 181.682/PE, 144.844/RS e 155.321/SP) (REsp 222.653-RR, rel. Min. Jorge Scartezzini, *DJ* 30.10.2000).

Ainda:

> Ante a nova orientação traçada pela Corte Especial, tem-se aceito o prequestionamento implícito. Contudo, tal só se dá quando o tema cogitado no especial tiver sido efetivamente debatido e decidido, pelo Tribunal local, com tão contundente ênfase e tão forte nitidez que a olhos desarmados se perceba qual o dispositivo legal que se tratou, ainda que não tenha sido, expressamente, referenciado, o que seria enveredar pelo formalismo exacerbado (Embargos Declaratórios no REsp 43232-SP, rel. Min. César Asfor Rocha, *DJ* 29.05.00).

O certo é que, independentemente dessa falsa dicotomia, o prequestionamento é pressuposto intransponível ao conhecimento do recurso especial.

5.3.2 O prequestionamento e os embargos declaratórios. Flexibilização do prequestionamento

O novel código trouxe específica flexibilização, no tangente ao pressuposto de admissibilidade do prequestionamento.

Na vigência do CPC/73, o prequestionamento implicava a necessidade de interposição dos embargos declaratórios, a fim de que o órgão julgador procedesse ao enfrentamento do tema jurídico que seria veiculado no recurso especial. A omissão do órgão julgador levava à compreensão da não implementação do prequestionamento e, consequentemente, o recurso especial desmerecia ser conhecido. A solução engendrada pela praxe forense e pela própria jurisprudência das Cortes Superiores foi no sentido de, subsistindo a omissão, o recorrente, em seu recurso especial, invocaria a nulidade do acórdão dos embargos declaratórios (ofensa ao art. 535, CPC/73). Uma vez detectada a omissão, o STJ anulava o acórdão dos declaratórios[19] e, aí sim, a instância de origem concretizava o exame da matéria e aperfeiçoava o prequestionamento. Só depois disso tudo, é que o interessado aviaria novo recurso especial, agora para exame do mérito propriamente dito.

É importante registrar que, contrariamente a tal rigor, havia alguma relativização jurisprudencial, inclusive no âmbito do Supremo Tribunal Federal[20], onde também se exige o prequestionamento.

Pois bem, ao versar sobre os embargos declaratórios, o legislador cuidou, agora, de adotar postura mais pragmática: Art. 1.025 – "Consideram-se incluídos no acórdão os elementos que o embargante suscitou, para fins

---

[19] Dentre inúmeros precedentes do STJ, pode-se citar o seguinte: existindo na petição recursal alegação de ofensa ao art. 535 do CP/1973, a constatação de que o Tribunal de origem, mesmo após a oposição de embargos declaratórios, não se pronunciou sobre pontos essenciais ao deslinde da controvérsia autoriza o retorno dos autos à instância ordinária para novo julgamento dos aclaratórios opostos (AgRg no REsp 1564574 / SC, REL. Ministro HUMBERTO MARTINS, *DJe* 08/03/2016).

[20] O que, a teor da Súmula 356, se reputa carente de prequestionamento é o ponto que, indevidamente omitido pelo acórdão, não foi objeto de embargos de declaração; mas, opostos esses, se, não obstante, se recusa o Tribunal a suprir a omissão, por entendê-la inexistente, nada mais se pode exigir da parte, permitindo-lhe, desde logo, interpor recurso extraordinário sobre a matéria dos embargos de declaração e não sobre a recusa, no julgamento deles, de manifestação sobre ela (RE 210.638-1, Min. Sepúlveda Pertence).

de prequestionamento, ainda que os embargos de declaração sejam inadmitidos ou rejeitados, caso o tribunal superior considere existentes erro, omissão, contradição ou obscuridade".

Daí decorre o seguinte:

- Se o tema jurídico não foi objeto de exame pelo órgão de origem, a parte deve, valendo-se daquilo que motiva os embargos declaratórios (apontamento da omissão), aviá-los, para tentar obter o aperfeiçoamento do prequestionamento;
- Caso a instância de origem, supra os vícios apontados e providencie o exame solicitado, haverá o efetivo prequestionamento e o recurso especial preencherá tal pressuposto específico de admissibilidade;
- Caso a instância de origem recuse a enfrentar o tema e, consequentemente, rejeite ou inadmita os embargos, ter-se-á o prequestionamento ficto, sendo este suficiente para a invocação da matéria no recurso especial;[21]
- Caso a matéria a respeito da qual foi omisso o tribunal seja de índole fática, evidente que não haverá como o STJ manifestar-se diretamente por meio do prequestionamento ficto (Súmula 07, STJ), mesmo que opostos os embargos declaratórios. Em tal situação, tal como já procedia na vigência do código revogado, deverá o STJ anular o acórdão recorrido pertinente aos embargos declaratórios e impor ao tribunal de origem o exame soberano sobre a matéria essencial e que é de natureza fática.[22]

---

21 Observe-se que o STJ tem exigido a expressa invocação no recurso especial, para cabimento do prequestionamento ficto, de ofensa ao art. 1022 CPC: "– IV. Na forma da jurisprudência, 'a admissão de prequestionamento ficto (art. 1.025 do CPC/15), em recurso especial, exige que no mesmo recurso seja indicada violação ao art. 1.022 do CPC/15, para que se possibilite ao Órgão julgador verificar a existência do vício inquinado ao acórdão, que uma vez constatado, poderá dar ensejo à supressão de grau facultada pelo dispositivo de lei'" (STJ, REsp 1.639.314/MG, Rel. Ministra NANCY ANDRIGHI, TERCEIRA TURMA, *DJe* de 10/04/2017).

22 "(...) 4. Não obstante a previsão do art. 1.025 do CPC/2015 de que 'consideram-se incluídos no acórdão os elementos que o embargante suscitou', tal dispositivo legal merece interpretação conforme a Constituição Federal (art. 105, III) para que o chamado prequestionamento ficto se limite às questões de direito, e não às questões de fato. 5. Não há, portanto, como presumir, com base no art. 1.025 do

- Caso o recorrente, mesmo diante da omissão da instância de origem, deixar de aviar os embargos declaratórios e aviar diretamente o recurso especial, este não será admitido por ausência do prequestionamento.

A propósito ainda do prequestionamento, o novo código, ao tratar da formação dos acórdãos, estabeleceu que "o voto vencido será necessariamente declarado e considerado parte integrante do acórdão para todos os fins legais, inclusive de pré-questionamento" (art. 941, §3º, NCPC). Sem dúvida que tal disposição quis tornar superada a Súmula 320, STJ, a qual consubstancia a advertência de que "a questão federal somente ventilada no voto vencido não atende ao requisito do prequestionamento"[23].

Essa alteração está em coerência com a já acentuada flexibilização do prequestionamento. Ora, como antes visto, doravante, bastará a invocação do tema recursal por meio de embargos declaratórios para que se lhe considere incluído no acórdão para efeito de prequestionamento (art. 1.025, NCPC). O raciocínio aí é o de que o debate foi oportunizado, não sendo razoável à luz mesmo do princípio de cooperação entre os sujeitos do processo, que o órgão julgador se escuse ainda assim de fundamentar e, como

---

CPC/2015, os fatos trazidos em Embargos de Declaração como ocorridos, sob pena de extrapolação da competência constitucional do STJ de intérprete da legislação federal infraconstitucional, fundamento este que dá suporte ao previsto na Súmula 7/STJ ('a pretensão de simples reexame de prova não enseja Recurso Especial') e afasta a possibilidade de o STJ infirmar as premissas fáticas estabelecidas na origem. 6. Na presente hipótese, não há como abstrair, do acórdão embargado, os fatos alegados pela parte recorrente e que servem de premissa à tese de direito invocada. 7. Assim, merece provimento o Recurso do INSS para anular o acórdão dos Embargos de Declaração e devolver os autos à origem para que haja pronunciamento sobre as matérias fáticas e suas repercussões jurídicas assinaladas nos Embargos de Declaração..." (STJ, REsp 1.644.163/SC, Rel. Ministro HERMAN BENJAMIN, SEGUNDA TURMA, julgado em 28/03/2017, *DJe* 19/04/2017).

[23] "(...) O cumprimento do requisito do prequestionamento deve ser aferido quanto à matéria suscitada no voto condutor do acórdão recorrido, e não apenas no voto vencido. (...)" (AgRg no REsp 1348145/DF, rel. Min. Raul Araújo, *DJ* 17.05.2016).
"(...) Quanto à tese de responsabilização civil do réu pelo comentário tecido, aplicável o óbice da súmula 320 desta Corte Superior, pois o fato de o voto vencido ter apreciado a questão à luz dos dispositivos legais apontados como violados não é suficiente para satisfazer o requisito do prequestionamento. Precedentes do STJ. (...)" (REsp 1487089/SP, rel. Min. Marco Buzzi, *DJe* 28/10/2015).

consequência nefasta, inviabilize o recurso especial da parte sucumbente por ausência de prequestionamento[24].

Nessa linha de raciocínio, deve-se considerar prequestionado determinado tema recursal, se enfrentado foi pelo voto vencido. O enfrentamento pelo voto vencido autoriza deduzir que o colegiado também poderia fazer o mesmo. Sim, em sendo colegiado o julgamento a ensejar o recurso especial, pode-se afirmar, sem medo de errar, que a análise solitária pelo voto vencido poderia - e deveria - alcançar também o crivo dos votos majoritários. Não se pode descuidar da premissa de que o "o voto poderá ser alterado até o momento da proclamação do resultado pelo presidente" (art. 941, §1º, NCPC), o que significa dizer que os fundamentos invocados pelo voto solitário podem ser analisados pelos demais, mesmo que já proferidos anteriormente.

O fato é que o prequestionamento advém da expressão constitucional "causas decididas", contida no art. 102, III, Carta Maior. Porém, a exigência de que o tema recursal especificamente tenha sido enfrentado pelo acórdão recorrido é fruto de construção jurisprudencial. Com efeito, a causa estará decidida, convenhamos, mesmo que determinado fundamento não tenha sido enfrentado pelo colegiado. Poderá haver ausência de fundamentação sobre determinado ponto da lide ou questão controvertida, mas a causa estará decidida, bem ou mal. Daí pode-se dizer que não fogem dos limites constitucionais alterações como estas agora feitas pelo legislador processual, pois nada mais estão fazendo do que adaptar a jurisprudência do STJ aos princípios da primazia do mérito, da economia processual e da efetividade.

---

[24] Já há decisão em tal sentido no STJ:
"(...) Por força do novo tratamento dado pelo Código de Processo Civil em vigor aos efeitos da oposição de embargos declaratórios, deve-se entender que a simples provocação do tema, por meio de recurso integrativo, torna prequestionada a matéria, ainda que não haja o Tribunal debatido o tema de forma expressa, inexistente a necessidade da interposição de recurso especial com violação ao art.619 o Código de Processo Penal. É a essência do art. 1.025 do novo CPC. (...)" (EDcl no AgRg no REsp 1443522/SP, Rel. Ministro ROGERIO SCHIETTI CRUZ, SEXTA TURMA, julgado em 18/10/2016, *DJe* 07/11/2016).

Sob a ótica prática e volvendo ao problema do voto vencido, pode-se destacar o seguinte:

- Uma vez proferido o acórdão e nele contido voto vencido que trata do tema a ser invocado no recurso especial, considerar-se-á alcançado e aperfeiçoado o prequestionamento, conforme autorização do art. 941, §3º, NCPC. A rigor, será dispensável a interposição dos embargos declaratórios com o propósito de prequestionamento.
- Se proferido o acórdão, mas o voto vencido não constar formalmente do mesmo, a parte interessada haverá de opor embargos declaratórios para que este erro material seja corrigido, sob pena de não aperfeiçoado o prequestionamento.
- Se o tema enfrentado apenas pelo voto vencido for de índole fática, de nada adiantará para efeito de conhecimento do recurso especial. É que a matéria dessa natureza não pode, como é cediço, ser devolvida ao STJ[25]. O que poderá a parte interessada fazer é interpor embargos declaratórios, para que o colegiado examine a matéria até então analisada isoladamente, e extraia dali conclusão fática que lhe seja favorável. Feito isso e alcançado o objetivo pretendido, e se ainda persistir o interesse recursal, a parte poderá, a partir daí, interpor o recurso especial partindo de premissa fática que lhe seja favorável e que será soberana.

5.3.3 O prequestionamento e as questões conhecíveis de ofício

É cediço que há matérias que o Tribunal deve conhecer, ainda que de ofício. Com efeito, pela sua natureza de ordem pública, pode ser conhecido de ofício pelo juiz ou tribunal, por exemplo, o tema que versar sobre carência de ação (art. 485, §3º, NCPC) ou incompetência absoluta (art. 337, §5º, NCPC). De igual forma, também pode ser examinada de ofício matéria sobre decadência ou prescrição (art. 332, §1º, NCPC).

---

25 Sobre o ponto, é válido, inclusive na vigência do CPC/15, o posicionamento do STJ, no sentido de que "a Súmula 320 desta Corte prevê: 'A questão federal somente ventilada no voto vencido não atende ao requisito do prequestionamento'. Desse modo, inviável utilização do voto-vencido para revalorar todo o conjunto probatório dos autos" (EDcl no AgRg no AREsp 391260 / SC, rel. Min. Humberto Martins, *DJe* 14/12/2015).

Ora, se era obrigação do tribunal conhecer de ofício determinada matéria, mas assim não o fez, pode-se dizer que houve omissão de sua parte. Decorre daí ser cabível o recurso dos embargos de declaração, na forma do art. 1.029, II, NCPC.

Resta saber se esses embargos declaratórios, e por consequência o prequestionamento, são indispensáveis, mesmo em casos em que a matéria é conhecível *ex officio*.

Em outras palavras, pode-se invocar determinado tema, diretamente pelo *especial*, partindo do pressuposto de que o STJ deva conhecê-lo de ofício?

A resposta, na vigência do código revogado, era negativa.

Entendia-se que a função maior do STJ, aqui várias vezes salientada, não é a de julgar o caso concreto. Sim, mais do que o próprio equacionamento da lide, compete ao STJ uniformizar o Direito, e, para tanto, é necessário que a instância inferior tenha enfrentado o tema em questão. Só quando concretizado esse enfrentamento nas instâncias ordinárias é que, mesmo em se tratando de temas conhecíveis de ofício, poderia o STJ deliberar, a princípio, em sede de recurso especial.

Também se entendia que, se viável é o conhecimento de ofício de algumas matérias, em qualquer tempo e grau de jurisdição, não menos verdade é que ao STJ compete julgar recursos especiais, em casos que tenham sido "as causas *decididas*, em única ou última instância" (art. 105, III, CF), o que significa dever existir expressa decisão sobre a matéria.

Vale conferir, nessa linha, aresto relatado pelo Ministro Sálvio de Figueiredo Teixeira, no qual foi sustentado que, "em se tratando de matérias apreciáveis de ofício, tais as previstas nos arts. 267, §3º e 301, §4º, CPC, o colegiado de segundo grau pode apreciá-las ainda que não suscitadas na apelação", sendo certo, porém, que "*nas instâncias especial e extraordinária, a apreciação depende de prequestionamento*" (destacamos) (REsp 238912-RN, *DJ* 03.04.00)[26].

A meu ver, houve modificação em tal critério limitativo.

---

[26] Dentre inúmeros precedentes, pode-se citar, ainda, o seguinte: "É firme a jurisprudência do Superior Tribunal de Justiça no sentido de que, mesmo as matérias de ordem pública devem observar o requisito do prequestionamento viabilizador da instância especial" (REsp 1366921/PR, Ministro RICARDO VILLAS BÔAS CUEVA, *DJe* 13/03/2015).

A conclusão é extraída de comparação entre dispositivos do CPC/73 e do NCPC.

> Art. 267, §3º, CPC/73 – O juiz conhecerá de ofício, em qualquer tempo e grau de jurisdição, enquanto não proferida a sentença de mérito, da matéria constante dos nºs IV, V e VI; todavia, o réu que a não alegar, na primeira oportunidade em que lhe caiba falar nos autos, responderá pelas custas de retardamento.
>
> Art. 485, §3º, NCPC – O juiz conhecerá de ofício da matéria constante dos incisos IV, V, VI e IX, em qualquer tempo e grau de jurisdição, enquanto não ocorrer o trânsito em julgado.

Realmente, o Código de 1973, ao versar, casuisticamente, sobre as hipóteses de extinção do processo sem exame de mérito, de ofício pelo órgão julgador, asseverou ser tal proceder viável até "proferida a sentença de mérito". Tal expressão sempre foi entendida como sentença ou acórdão de mérito, mesmo porque este último substitui a primeira (art. 512, CPC/73 e art. 1.008, NCPC).

Acontece que o novo legislador, em vez de apenas generalizar com a expressão decisão ou acórdão de mérito, atendendo, assim, à correção pugnada pela doutrina, foi um pouco além. De fato, o legislador, agora, preferiu dizer que esse conhecimento de ofício pode se dar "enquanto não ocorrer o trânsito em julgado". Ora, à míngua de restrição específica nas disposições sobre os recursos extraordinários lato sensu, deve-se extrair daí o propósito de permitir, também na via desses recursos, o conhecimento *ex officio* de matérias não decididas pela instância de origem e até não veiculadas pelos insurgimentos (efeito translativo).

Cabe o acréscimo de que o legislador, em coesão com o raciocínio até aqui desenvolvido, estabeleceu no parágrafo único do art. 1.034, NCPC, que, "admitido o recurso extraordinário ou o recurso especial por um fundamento, devolve-se ao tribunal superior o conhecimento dos demais fundamentos para a solução do capítulo impugnado".

Em assim sendo, pode-se imaginar certa situação em que o STJ, por exemplo, estaria por acolher ofensa a determinada norma de direito federal infraconstitucional, com base no entendimento que se aplica, num caso de cobrança de seguro, a interpretação mais favorável ao consumidor e que induz à nulidade de determinada cláusula restritiva. Porém, se o mesmo STJ verificar que, embora não examinada e até arguida a matéria até então, há o fenômeno da ilegitimidade de parte (matéria conhecível de ofício), deverá sim decretá-la, de ofício, e extinguir o processo por carência de ação. De igual forma, na linha de entendimento minoritário até então no STJ[27], poderá aquele Pretório, agora confortado pela nova dicção legal, acolher a expressa invocação de ilegitimidade (ou outra matéria de ordem pública), mesmo sem prévio exame sobre o tema no tribunal de origem.

É importante destacar que, mesmo sendo viável o conhecimento de ofício, deverá o STJ ouvir a parte contrária, considerando o efetivo contraditório (arts. 9º, 10 e 933, NCPC).

5.4 MATÉRIA JURÍDICA

5.4.1 A origem deste pressuposto

Descabe ao STJ, ao julgar um recurso especial, adentrar em nuances fáticas da lide.

O desenho fático, feito pelo Tribunal Recorrido, é soberano. A partir dessa moldura de fato é que compete ao STJ deliberar sobre temas de Direito.

Isso porque a Constituição Federal relegou ao recurso especial a função de uniformizar a interpretação de Direito, e não fatos. Estes - os fatos - são avaliados no âmbito daqueles recursos que integram o duplo grau de jurisdição (apelação e agravo de instrumento, por exemplo), onde a função do Judiciário é analisar livremente a lide e fazer justiça efetiva às partes em contenda. O recurso especial, diferente disso, tem fim mais nobre e mesmo político, ou seja, pretende que o STJ uniformize o DIREITO federal infraconstitucional, trazendo, dentro do possível, segurança jurídica em nosso

---

[27] Vale conferir dois precedentes do STJ:
"É possível, porém, conhecer de questões de ordem pública não prequestionadas, se o recurso especial ensejar conhecimento por outros fundamentos, ante o efeito translativo dos recursos, que, mesmo de forma temperada, tem aplicação na instância especial" (REsp 701185/RS, rel. Ministro CASTRO MEIRA, *DJ* 03/10/2005).
"O fato de a questão da legitimidade passiva não ter sido alvo de prequestionamento não impede que esta Corte Superior trate do ponto. É que os recursos extraordinários (em sentido lato) também possuem o efeito translativo, ainda que de abrangência mais limitada, tendo em conta a necessidade de que o inconformismo seja conhecido ao menos por algum outro fundamento que não o que deixou de ser prequestionado" (AgRg no REsp 900449/RJ, Ministro MAURO CAMPBELL MARQUES, *DJe* 23/06/2009).

sistema federativo. A aplicação do entendimento jurídico do STJ ao caso concreto é mero efeito secundário do julgamento do recurso especial.

Sobre a restrição à matéria jurídica, no STF, já vigorava a Súmula 279, segundo a qual "para simples reexame de prova não cabe recurso extraordinário".

No STJ, na mesma linha de raciocínio, tem-se a Súmula 7, para a qual "a pretensão de simples reexame de prova não enseja recurso especial"[28]. Não destoa dessa premissa a Súmula 5, também do STJ, pela qual "a simples interpretação de cláusula contratual não enseja recurso especial"[29].

5.4.2 Matéria fática e a leitura de peças processuais

Há que se proceder a algumas distinções, contudo, na avaliação desse pressuposto específico ao recurso especial.

A primeira ressalva fica por conta da afirmativa, que ora se faz, no sentido de que a simples leitura de uma petição ou decisão judicial não representa reexame de fatos.

Isso porque o STJ, ao fazer tal apreciação, não estará aferindo sobre elementos probatórios, que se circunscrevem àquelas hipóteses previstas especificamente no Código Processual (prova documental, testemunhal, etc.), acrescidas da amplitude salientada pelo art. 369, NCPC ("todos os meios legais, bem como os moralmente legítimos...").

---

28 "(...) Sabe-se que no especial atua-se à luz da moldura fática soberanamente delineada pelo Tribunal de origem, de tal forma que o acolhimento da pretensão recursal como pleiteia o agravante, demandaria o reexame do suporte fático-probatório dos autos, o que se revela inviável nesta via pela incidência da Súmula 7/STJ" (AgRg no AREsp 776485/RS, rel. Ministro MARCO AURÉLIO BELLIZZE, *DJe* 10/12/2015).

29 "(...) Em vista da moldura fática apurada pela Corte de origem, há óbice intransponível ao conhecimento do recurso especial, por qualquer das alíneas do permissivo constitucional, pois a eventual revisão do acórdão recorrido demandaria a alteração das premissas fático-probatórias estabelecidas pelo acórdão recorrido, com o revolvimento dos elementos constantes nos autos e reexame de cláusulas contratuais contidas no instrumento de transação – o que é vedado em sede de recurso especial, nos termos dos enunciados de Súmula 5 e 7 do STJ" (AgRg no AREsp 222312/RJ, rel. Ministro LUIS FELIPE SALOMÃO, *DJe* 10/03/2015).

Ora, conferir se a parte requereu, concretamente, por exemplo, indenização por benfeitorias, ou se o juiz apreciou, efetivamente, um requerimento de prova pericial não se traduz em reexame de provas.

Cuida-se aí, apenas, de simples leitura de peça processual, que não se identifica como prova produzida nos autos.

Há precedente do STJ, relatado pelo Ministro Assis Toledo, em que aquele Tribunal deu-se ao trabalho de conferir os termos de uma contestação para confirmar uma afirmativa feita pelo réu em determinada ação renovatória de locação[30].

A ementa daquele aresto – REsp 34.707-9-SP – retrata que, "estando evidente, *na contestação*, a especificação do destino a ser dado ao imóvel, com detalhes, reforma-se o acórdão...".

No início do seu voto, o relator é categórico:

> Afasto inicialmente o equívoco manifesto do acórdão quando afirma que os réus não especificaram com clareza 'o destino que irão dar ao imóvel, detalhando os ramos de comércio que pretendem explorar' (fls. 334).
>
> Só mesmo a leitura apressada dos itens 3º e 6º da contestação, transcritos *ipsis litteris* no relatório, poderia justificar essa afirmação errônea, razão pela qual a rejeito, *já que, assim procedendo, não reexamino provas, limitando-me a ler uma peça dos autos – a contestação – na melhor das hipóteses, mal interpretada nesse tópico fundamental pelo acórdão da apelação* (*RSTJ* 60/305, destacamos).

Nessa linha de raciocínio, vem admitindo o STJ, inclusive, o exame da tempestividade ou não de apelação.

Assim é que "o exame da tempestividade do recurso de apelação não corresponde a reexame da prova" (REsp 18.211-0-PB, rel. Min. Cláudio Santos, *DJU* 03.08.92). E mais: "O não conhecimento de recurso tempestivamente interposto resulta em violação ao art. 508 do CPC" (REsp 9458-SP, rel. Min. Américo Luz, *DJU* 24.06.91).

---

30 Na mesma linha de raciocínio:
"(...) Para se aferir se o recurso de apelação efetivamente atacou os fundamentos da sentença recorrida, não é necessário o revolvimento de matéria fática, mas a simples leitura da sentença e do recurso de apelação, peças processuais que não se assemelham à prova" (AgRg no Ag 1105832/PR, rel. Ministro ARNALDO ESTEVES LIMA, *DJe* 24/05/2010).

5.4.3 Reexame de provas e valoração legal da prova

Cabe uma segunda ressalva, que reside na viabilidade de o STJ proceder, em sede de recurso especial, à correta valoração legal ou abstrata da prova.

Há que se distinguir o vedado "reexame de provas" (Súmula 7, STJ) da chamada valoração da prova.

Já disse o Ministro Sálvio de Figueiredo, ao julgar o AgRg no Ag. 99.850-MG, que "É VEDADO, EM SEDE DE ESPECIAL, O REEXAME DO ACERVO PROBATÓRIO CARREADO AOS AUTOS, A TEOR DO ENUNCIADO N. 7 DA SÚMULA/STJ", sendo que, diferente disso, "A VALORAÇÃO DA PROVA PRESSUPÕE CONTRARIEDADE A UM PRINCÍPIO OU A UMA REGRA JURÍDICA NO CAMPO PROBATÓRIO..." (*DJ* 16.09.96).

Acolhendo uma argumentação de valoração legal da prova, já destacou o Ministro Vicente Leal:

> A doutrina nacional e a jurisprudência deste Superior Tribunal de Justiça consagram a tese da possibilidade de exame do critério legal de valoração da prova em sede de recurso especial, pois tal estudo - valoração da prova - situa-se no campo da questão federal, susceptível de conhecimento no espaço do apelo nobre (REsp 47216-MA, *RSTJ* 100/320).

Realmente, não se ignora que deriva dos propósitos do recurso especial a pretensão de reavaliação do conjunto probatório.

Acontece que, embora haja certa subjetividade na valoração da prova pelo juiz (art. 371, NCPC), há situações em que deve seguir um critério normativo em vigor. Essas últimas situações oportunizam, quando vulnerados os contornos ali estabelecidos, um reexame pelo STJ, via recurso especial.

Por exemplo, não será reexame de provas a eventual afirmativa de que certo acórdão recorrido errou, ao aceitar, em sede de ação reivindicatória, outra prova que não fosse a documental, porque há norma expressa a apontar que a prova da propriedade imobiliária se dá com o registro do título no Cartório de Registro Imobiliário (art. 1.245, CC)[31].

---

[31] No mesmo sentido, e especificamente sobre critérios legais a serem observados por laudo pericial em desapropriação:
"(...) 2. **A justa indenização, e sua conformidade, em sede de recurso especial, somente é passível de aferição quando o exame de prova pericial ou do quantum in-**

As regras de experiência comum também podem trazer algum critério de valoração da prova a ser observado pelo STJ, sem a vedação da Súmula 7. Elas não provocam um mergulho nas provas dos autos pelo Tribunal Superior, mas apenas o reconhecimento, de forma abstrata mesmo, de que determinadas situações são presumíveis tenham acontecido. Por exemplo, independente de prova, é presumível, pois assim acontece na vida de todo ser humano normal, o sofrimento quando perde ente querido ou tem uma cobrança de dívida equivocada etc.

Realmente, não se pode esquecer que,

> o juiz aplicará as regras de experiência comum, subministradas pela observação do que ordinariamente acontece e ainda as regras de experiência técnica, ressalvado, quanto a estas, o exame pericial (art. 375, NCPC).

É viável, ainda, que o STJ, em vez de reexaminar a prova, faça, isso sim, a valoração da mesma, em uma ação de investigação de paternidade que culminou na procedência do pedido inicial, aonde se tem como inconteste que o exame de DNA é negativo.

---

denizatório referir-se à qualificação jurídica dos fatos (REsp 196456/SP, Rel. Min. Franciulli Netto, 2ª Turma, *DJ* de 11.03.2002).
3. **A aferição dos critérios legais para a realização da prova não implica cognição interditada pela Súmula n.º 07/STJ; senão valoração jurídica da prova.**
4. *In casu*, aduz o recorrente que o laudo pericial adotado pelo Tribunal a quo não observou os critérios exigidos em lei.
5. Os arts. 23, § 1º e 27, da Lei 3.365/41, versam acerca dos critérios para a elaboração do laudo pericial nas desapropriações para fins de utilidade pública, *verbis*:
Art. 23. Findo o prazo para a contestação e não havendo concordância expressa quanto ao preço, o perito apresentará o laudo em cartório até cinco dias, pelo menos, antes da audiência de instrução e julgamento.
§ 1º O perito poderá requisitar das autoridades públicas os esclarecimentos ou documentos que se tornarem necessários à elaboração do laudo, e deverá indicar nele, entre outras circunstâncias atendíveis para a fixação da indenização, as enumeradas no art. 27.
(...)
Art. 27. O juiz indicará na sentença os fatos que motivaram o seu convencimento e deverá atender, especialmente, à estimação dos bens para efeitos fiscais; ao preço de aquisição e interesse que deles aufere o proprietário; à sua situação, estado de conservação e segurança; ao valor venal dos da mesma espécie, nos últimos cinco anos, e à valorização ou depreciação de área remanescente, pertencente ao réu" (REsp 913904 / RJ, rel. Ministro LUIZ FUX, *DJe* 02/03/2009).

Aliás, assim já agiu, concretamente, o STJ ao dizer que,

> modernamente, a ciência tornou acessível meios próprios, com elevado grau de confiabilidade, para a busca da verdade real, com o que o art. 145 do CPC está violado quando tais meios são desprezados com supedâneo em compreensão equivocada da prova científica (REsp 97.148-MG, rel. p/ acórdão Min. Menezes Direito, *DJ* 08.09.97).

Também haverá valoração legal da prova, e não reexame da mesma, quando o STJ, eventualmente, reconhecer a viabilidade de prova exclusivamente testemunhal, a despeito de aparente vedação legal.

Com efeito, já se decidiu, sem qualquer obstáculo advindo das Súmulas 5 e 7, STJ, que,

> seja pela certa imperfeição no critério previsto no art. 401 da lei adjetiva civil, seja pela natureza da atividade de corretagem, que usualmente advém de acordo informal com o vendedor do bem, seja pela possibilidade de ser demonstrado, segundo a orientação jurisprudencial mais moderna do STJ, o fato do serviço, independentemente da prova da existência formal de um contrato, não é de se extinguir ação que objetiva o recebimento de comissão pela intermediação na alienação de 'conjunto de irrigação' de terras para cultivo agrícola, apenas porque a parte autora quer se valer, exclusivamente, da prova testemunhal (REsp 75.687-SP, rel. Min. Aldir Passarinho Júnior, *DJU* 29.10.01).

Igualmente decidiu-se:

> Ainda que não expressamente documentado por escrito, seria injusto deixar-se de remunerar um trabalho efetivamente acontecido apenas com base na interpretação hermética da norma (REsp 713073-MT, rel. Min. Aldir Passarinho Júnior, *DJ* 09.05.05).

Também compreendendo que a matéria é de índole técnica, a exigir que se assimile o ponto de vista do *expert* em detrimento de outra modalidade probatória, também já procedeu à revaloração o STJ, ao definir que:

> ADMINISTRATIVO E PROCESSUAL. DESAPROPRIAÇÃO INDIRETA. PROVA INDISPENSAVEL AO DIREITO POSTULADO. VALORAÇÃO INCORRETA. 1. DEPENDENDO O DESLINDE DA CAUSA DA APRECIAÇÃO DE PROVA ESSENCIAL, NO CASO, PERICIA REALIZADA E IGNORADA PELO TRIBUNAL "A QUO", E INEQUIVOCA A MA

> VALORAÇÃO DESSA PROVA. 2. DECISÃO QUE NÃO IMPLICA NO REEXAME DE MATERIA FATICA. 3. RECURSO ESPECIAL CONHECIDO E PROVIDO (REsp 69366 / SP, rel. p/ acórdão MIN. PEÇANHA MARTINS, *DJ* 17.11.97).

Nada obsta, outrossim, que a revaloração se dê pelo STJ, mas não propriamente do quadro probatório espalhado pelo processo, e sim dos fatos tal como desenhados pelo próprio acórdão recorrido. O apontamento pelo STJ de outra conclusão fática é viável em sede de recurso especial, mas desde que, repita-se, advenha das premissas lançadas pela instância de origem.

Assim é que, por exemplo, o STJ tem dito que determinados valores fixados à guisa de honorários sucumbenciais são irrisórios, diferente do que afirmado pelo acórdão recorrido.[32]

O precedente, cuja parte da ementa segue abaixo, sintetiza a dicotomia ora sustentada:

> (...) 13. É o caso de rememorarmos a conhecida dicotomia: **reexame de provas x revaloração probatória.** Esta Corte reconhece há tempos a diferença entre ambas as situações. Na revaloração, este Tribunal parte do que já foi estabelecido no julgamento a quo, sem revolver as provas. Faz apenas a qualificação jurídica do que está descrito no acórdão recorrido a respeito do material probante. No reexame de matéria fática, há necessidade de se verificar se as conclusões a que chegaram os julgadores do Tribunal de Apelação estão embasadas nas provas produzidas nos autos. Sobre o assunto, confira-se: a) EDcl no REsp 1.202.521/RS, Rel. Ministro João Otávio de Noronha, Terceira Turma, julgado em 25.11.2014, DJe 12.12.2014; b) AgRg no REsp 1.434.027/PR, Rel. Ministra Marilza Maynard (Desembargadora Convocada do TJ/SE), Sexta Turma, julgado em 20.5.2014, DJe 5.6.2014; c) REsp 1.362.456/MS, Rel. Ministro Mauro Campbell Marques, Segunda Turma, julgado em 20.6.2013, DJe 28.6.2013; d) AgRg no AREsp 19.719/SP, Primeira Turma, Rel. Min. Arnaldo Esteves Lima, DJe

---

[32] "(...) Em regra, é impossível conhecer de Recurso Especial em que se discute legalidade do valor dos honorários advocatícios arbitrados com base em critério de equidade. Excepcionam-se os casos em que: a) a matéria está necessariamente prequestionada no acórdão recorrido, e b) **com base nas circunstâncias expressamente valoradas no acórdão recorrido, é possível, sem maiores digressões, constatar que o montante controvertido apresenta-se manifestamente irrisório ou exorbitante"** (AgRg no AREsp 532550/RJ, Ministro MAURO CAMPBELL MARQUES, *DJe* 02/02/2015).

> de 30.9.2011; e e) REsp 1.211.952/RS, Segunda Turma, Rel. Min. Castro Meira, DJe de 25.3.2011 (...). (EDcl no AgRg no AREsp 18092/MA, rel. p/ acórdão Ministro HERMAN BENJAMIN, *DJe* 16/11/2015).

Portanto, são situações que se encaixam nessa viabilidade, reconhecida pela jurisprudência e doutrina, de revaloração da prova, em sede de recurso especial.

5.5 ESGOTAMENTO DOS RECURSOS ORDINÁRIOS

5.5.1 Razão deste pressuposto e enunciados sumulares

O objetivo dos recursos ordinários contrapõe-se ao que move aqueles de índole extraordinária, especial ou extraordinário, dirigidos, respectivamente, ao STJ e ao STF.

Com efeito, os demais recursos direcionados às instâncias ordinárias (apelação, agravo, etc.) objetivam, a rigor, a realização da justiça sem as amarras e os pressupostos daqueles dirigidos aos Tribunais Superiores.

Em assim sendo, só será cabível o recurso especial quando o insurgente já houver esgotado todas as possibilidades por meio dos recursos ordinários.

Não se justifica a intervenção do STJ, por meio do recurso especial, se o recorrente ainda tem interesse recursal ao manejo de outra modalidade de recurso, perante o próprio Tribunal de Origem.

Convém verificar que o art. 105, III, CF é expresso, ao estabelecer o cabimento do recurso especial, com relação às causas decididas, "em única ou *última instância*, pelos Tribunais Regionais Federais ou pelos tribunais dos Estados, do Distrito Federal e Territórios...".

Já deliberou, sob este enfoque, o STJ:

> O recurso especial tem como pressuposto decisão de única ou última instância. Vale dizer, julgamento exaurido no tribunal de origem. Em outras palavras, quando, lá, não mais for admissível recurso. Em havendo possibilidade de agravo regimental, deverá, antes, ser interposto (REsp 44.265-RS, rel. Min. Luiz Vicente Cernicchiaro, *DJU* 25.04.94).

Por isso mesmo, o STF, há longa data, editou a Súmula 281: "É inadmissível o recurso extraordinário quando couber, na Justiça de origem, recurso ordinário da decisão impugnada".

Já no STJ, foi editada a Súmula 207, ainda na vigência do CPC/73: "É inadmissível recurso especial quando cabíveis embargos infringentes contra o acórdão proferido no tribunal de origem".

5.5.2 A técnica de julgamento do art. 942 NCPC e o especial – Ainda o esgotamento das instâncias ordinárias

O CPC/73, em seu art. 530, prevê o cabimento do recurso de embargos infringentes. Trata-se daquele recurso que, diante de determinada divergência do tribunal em julgamento de apelação ou ação rescisória, consubstancia as razões do sucumbido, pelas quais ele pretende resgatar a conclusão do voto vencido.

Na locução do citado dispositivo do CPC/73, os embargos infringentes seriam cabíveis: a) em havendo divergência entre os julgadores; b) quando do julgamento de recurso de apelação; c) desde que houvesse reforma (*a contrario sensu*, não caberia quando houvesse anulação); d) da sentença de mérito (*a contrario sensu*, não caberia se a reforma fosse da sentença sem resolução de mérito).

Pois bem, o novo Código, movido pelas críticas direcionadas ao recurso de embargos infringentes, tido como causador de demora na prestação jurisdicional, eliminou-o do sistema recursal. E, em contrapartida, substituiu-o pela chamada técnica de julgamento.

A aludida técnica de julgamento foi estabelecida pelo art. 942, NCPC.

Assim podem ser resumidas as hipóteses de cabimento e o procedimento adotado pelo citado artigo e seus parágrafos:

a) Será aplicada a técnica de julgamento, quando houver divergência, em grau de apelação (*caput*, art. 942, NCPC), ação rescisória com resultado de rescisão da sentença, ou agravo de instrumento com reforma da decisão que julgar parcialmente o mérito (§3º, incs. I e II, art. 942, NCPC).

b) Havendo a divergência, serão colhidos, na mesma sessão, os votos dos demais julgadores que não participariam do julgamento original, mas que compõem o colegiado (§1º, art. 942, NCPC). Se necessário, serão convocados para futura sessão outros julgadores, no número necessário para que haja inversão do julgamento (*caput*, art. 942, NCPC). No caso da ação rescisória, o prosseguimento terá que ser perante aquele colegiado com composição mais ampla, da maneira como prevista no regimento interno do tribunal.

c) Havendo necessidade de convocação de novos julgadores, assegurar-se-á o direito das partes e terceiros à sustentação oral direcionada àqueles (*caput*, art. 942, NCPC). É de destacar-se que, ainda que prosseguindo o julgamento na mesma sessão (§1º, art. 942), reabrir-se-á oportunidade aos advogados para novas sustentações orais, as quais estarão limitadas aos pontos divergentes expostos até então. Com efeito, se o propósito da técnica de julgamento é substituir os embargos infringentes, recurso que admitia sustentação oral sobre os temas divergentes, nada mais lógico que, numa interpretação teleológica e sistemática, assim seja feito no sistema atual.

d) Naturalmente que os que já votaram poderão rever seus votos, quando do prosseguimento do julgamento (§2º, art. 942 e §1º, art. 941, NCPC).

e) Após a prolação dos votos dos novos julgadores, o Presidente anunciará o resultado do julgamento, conforme o posicionamento que for vitorioso (art. 941, NCPC).

Vê-se, pois, que esta *técnica de julgamento* cria certo desdobramento advindo da divergência entre magistrados nos tribunais. O certo é que, enquanto não completado o julgamento com a coleta dos votos dos novos julgadores, não estará prolatado o acórdão definitivo, até porque, conforme apregoado pelo *caput* do art. 942 NCPC, poderá haver inversão do resultado inicial.

A partir daí, é viável registrar as seguintes ponderações quanto ao recurso especial:

a) Ainda que ciente a parte dos votos já proferidos com divergência, inviável será o recurso especial enquanto não houver complementação do julgamento na forma do art. 942, NCPC. É que, sabidamente, o texto constitucional exige esgotamento das instâncias ordinárias para o cabimento do recurso especial, o que significa que, se em tal seara ainda é viável a inversão do resultado inicial, afigura-se açodado acionar o Superior Tribunal de Justiça.

b) Todavia, se interposto antecipadamente o recurso especial, e houver inversão do julgamento quando da complementação, obviamente que o insurgimento estará prejudicado por perda de interesse recursal. De outro lado, se houver manutenção do resultado inicial, o recurso poderá ser conhecido, se preenchidos os demais pressupostos de admissibilidade, pois o legislador não censura mais o chamado *recurso prematuro*, tendo em vista a clareza do art. 218, §4º NCPC, para o qual "será considerado tempestivo o ato praticado antes do termo inicial do prazo"[33].

c) Se o tribunal, equivocadamente, deixar de impor a técnica de julgamento do art. 942, NCPC, haverá nulidade do acórdão respectivo[34]. Isso porque o acórdão é o julgamento colegiado (art. 204, NCPC), devendo tal deliberação conter a participação e assinatura (ainda que de forma eletrônica - art. 205, *caput* e §2º, NCPC) de todos magistrados, sob pena de nulidade por inobservância do princípio constitucional do juiz natural. Nessa hipótese, será cabível recurso especial por ofensa ao multicitado art. 942, NCPC, devendo o STJ, em circunstância desse jaez, impor ao tribunal de origem a complementação do julgamento, o que poderá, naturalmente, levar a uma inversão do resultado originário. O ideal, em casos tais, é que a matéria seja arguida, ainda no tribunal de origem, por embargos declaratórios, haja vista a manifesta nulidade, mas, ainda que essa etapa não seja observada, revela-se perfeitamente viável o recurso especial interposto diretamente, porquanto a matéria é de ordem pública. E, como

---

33 Na mesma linha de raciocínio, vê-se o art. 1.024, §5º, NCPC, a dispensar a ratificação de recurso, se houver posterior julgamento de embargos declaratórios sem alteração da conclusão do julgamento anterior.

34 Anote-se que a nulidade é insanável e inatingível pela preclusão, na medida em que compete ao presidente do órgão fracionado, **de ofício**, colher todos os votos (art. 941, *caput*, NCPC), inclusive o(s) vencido(s) (art. 941, §3º, NCPC). E, se assim ocorre, a nulidade não se sujeitará à preclusão, *ex vi* do art. 278, parágrafo único, NCPC.

estudado no item 5.3.3, o prequestionamento deixou de ser pressuposto para hipótese em que a matéria é de ordem pública, haja vista a opção do legislador em permitir o conhecimento desta, até mesmo de ofício, enquanto não se der o trânsito em julgado (art. 485, §3º, NCPC). Aliás, se o colegiado que é efetivamente competente não proferiu o acórdão integral será cabível contra a decisão respectiva, depois de seu trânsito em julgado, até mesmo a excepcional ação rescisória (art. 966, II, NCPC); logo, com mais razão, impõe-se a corrigenda por meio de recurso especial aviado no curso do próprio processo.

5.5.3 As decisões monocráticas e o recurso especial

A dicção constitucional é clara, ao apontar que o recurso especial cabe em "última instância".

Em assim sendo, e ante a previsão do art. 932, incs. III a V, NCPC, a decisão monocrática do relator de não conhecimento, provimento ou desprovimento não enseja o recurso especial.

É que, contra essa decisão do relator, caberá o *agravo interno*, cuja previsão está contida no art. 1.021 do NCPC.

Cite-se, como exemplo, a decisão do STJ, ainda na vigência do CPC revogado, no sentido de que, "se foram rejeitados monocraticamente os embargos de declaração opostos contra o acórdão do Tribunal de origem decidindo a apelação, ainda seria possível ao recorrente a interposição do agravo previsto no art. 557, § 1º do CPC", sendo que, "não esgotadas as instâncias ordinárias, não é possível a abertura da via especial (Súmula 281/STF)" (AgRG AI 384.495-DF, rel. Min. Fernando Gonçalves, *DJU* 20.08.01).

5.6 IMPUGNAÇÃO A TODOS OS FUNDAMENTOS VÁLIDOS

Dispõe a Súmula 283, STF, totalmente aplicável ao recurso especial, que "é inadmissível o recurso extraordinário, quando a decisão recorrida assenta em mais de um fundamento suficiente e o recurso não abrange todos eles".

Com efeito, tendo em vista que a extensão do efeito devolutivo, no caso do recurso especial, não se guia pelo §1º, art. 1.013 do NCPC, aplicável à apelação, tem-se que todos os fundamentos do acórdão, que sejam hábeis a sustentá-lo, devem ser impugnados pelo recorrente.

De fato, no caso da apelação, consoante aquele dispositivo, "serão, porém, objeto de apreciação e julgamento pelo tribunal todas as questões suscitadas e discutidas no processo, ainda que não tenham sido solucionadas, desde que relativas ao capítulo impugnado".

Essa amplitude do efeito devolutivo não se aplica, como dito, ao recurso especial. Demais disso, houve recrudescimento legal neste particular, ao exigir o novo código, de forma genérica, que haja impugnação específica de todos os fundamentos da decisão recorrida, sob pena de não conhecimento do recurso (art. 932, III, *in fine*, NCPC).

O certo é que todos os fundamentos do acórdão, que possam redundar em ofensa à lei federal, e que sejam suficientes para mantê-lo, devem ensejar a impugnação pelo recorrente.

Ressalte-se que tal entendimento não importa em que, se o recorrente está a hostilizar apenas uma questão preliminar (por exemplo, a carência de ação), tenha ele de atacar, de igual forma, também o mérito. Assim também ocorrerá caso o recorrente queira atacar apenas o mérito, ignorando a decisão quanto a alguma questão preliminar.

Não se pode confundir a existência de fundamentos autônomos com aquela situação em que o acórdão, por excesso de zelo, cita diversos fundamentos legais[35], todos eles com o mesmo sentido. Ora, o recorrente não precisa impugnar todos os fundamentos legais, um por um, se o sentido deles é o mesmo. O fundamento a que se reportam a súmula e o dispositivo processual aqui estudados é o embasamento jurídico e/ou fático capaz de, por si só, dar sustentáculo ao acórdão recorrido. Um determinado fundamento jurídico, por exemplo, pode conter diversos embasamentos legais distintos e com o mesmo sentido, sendo que neste caso, repita-se, basta que o recorrente impugne a tese jurídica, e não todos os dispositivos legais citados.

---

[35] Sobre a distinção entre **fundamento jurídico** e **fundamento legal**:
"(...) Muito embora o art. 282, inc. III, do CPC determine que a petição inicial deverá indicar 'fato e os fundamentos jurídicos do pedido', é importante asseverar que 'não se confunde 'fundamento jurídico' com 'fundamento legal', sendo aquele imprescindível e este dispensável, em respeito ao Princípio 'iura novit curia' (o juiz conhece o direito) (REsp 477.415/PE, Rel. Min. José Delgado, Primeira Turma, *DJU* 9.6.2003). (...)" (REsp 1140420/SC, Ministro MAURO CAMPBELL MARQUES, *DJe* 05/05/2011).

Pela mesma razão motivadora da Súmula 283 do STF, é razoável o entendimento consubstanciado na Súmula 126, STJ, segundo o qual

> é inadmissível recurso especial, quando o acórdão recorrido assenta em fundamentos constitucional e infraconstitucional, qualquer deles suficiente, por si só, para mantê-lo, e a parte vencida não manifesta recurso extraordinário.

De fato, se há fundamento suficiente a manter o acórdão, de índole constitucional, cabe à parte interessada manifestar, de forma concomitante com o especial, o apropriado extraordinário.

5.7 RECURSOS EM "CAUSAS DECIDIDAS"

Dispõe o art. 105, III, CF que cabe ao STJ julgar, "em recurso especial, ***as causas*** decididas, em única ou última instância, pelos Tribunais Regionais Federais ou pelos tribunais dos Estados, do Distrito Federal e Territórios..." (destacamos).

A delimitação feita por alguns, com relação ao termo "causas", parece-me incorreta.

Na verdade, a expressão "causa" não é sinônimo de lide, nem de ação, donde que, seja qual for a natureza do procedimento ou do processo, cabível será o *especial*, se a decisão da instância derradeira ferir o direito federal.

Parece-me mais adequada a lição de Castro Nunes, transcrita por José Saraiva, em sua excelente obra *Recurso Especial* e o *STJ*, no sentido de que "qualquer processo, seja de que natureza for, se nele for proferida decisão de que resulte comprometida uma lei federal, é uma causa para os efeitos do recurso extraordinário" (São Paulo: Saraiva, 2002, p. 145).

Veja-se que mesmo para Samuel Monteiro, que compreende a expressão "causa" "em seu sentido restrito processualmente, como uma ação contenciosa, onde as partes litigam para obterem do Poder Judiciário uma prestação jurisdicional" (*Recurso especial e extraordinário*. São Paulo: Hemus, 1992, p. 209), mais adiante não resiste em afirmar, citando Pontes de Miranda, que

> não se pode excluir que, às vezes, um procedimento voluntário simples é transformado em contenda, uma disputa litigiosa entre as partes; aí, então, temos uma causa, mesmo que inicialmente fosse um mero processo administrativo.

Ao meu ver, a interpretação da locução "*causas*", utilizada pelo legislador constituinte no art. 105, III da Constituição Federal, deve estar atrelada à análise do sistema e à compreensão do desejo ali expressado. Em outras palavras, vem a calhar interpretações sistemática e teleológica.

Partindo de tais prismas, é perceptível que a expressão ampla "*causas*", se comparada com aquelas restritivas e mais específicas consignadas no inciso II do mesmo dispositivo constitucional (alíneas "a" e "b" - recurso ordinário em "*habeas corpus*" e "*mandados de segurança*"), quis alcançar generalidade de pretensões em juízo. Não se valeu a Constituição Federal de outras expressões restritivas, como poderiam ser "ações", "procedimentos de jurisdição contenciosa" ou mesmo "processos judiciais".

Bem de se ver, ademais, que a expressão "causas" vem em seguida àquela outra "julgar" (a referência aí é à competência do STJ), o que significa dizer que o legislador inseriu no espectro do recurso especial todos aqueles *processos ou procedimentos* sujeitos a julgamentos, independente de sua natureza, pelo Poder Judiciário.

É óbvio - cabe o registro - que não é reexaminável em sede de recurso especial aquela decisão de cunho administrativo, e que não enseja qualquer recurso, por ausência de previsão legal, à instância superior. Em hipóteses desse jaez, o eventual prejudicado poderá até se valer do mandado de segurança no tribunal de 2ª instância contra ato do Juiz (interpretação da Súmula 267, STF[36]), remanescendo, no caso de insucesso, o recurso ordinário ao STJ (e não o especial), a teor do art. 105, II, "b", CF.

É bem verdade que - ainda numa análise sistemática - a Constituição Federal só quer a intervenção do STJ em decisões de "última ou única instância", o que afasta o cabimento do recurso especial contra deliberações reanalisáveis no curso do processo por outro meio. Logo, se decisão em procedimento administrativo decidido pelo Judiciário é, a rigor, reexaminável por provocação judicial (art. 5º, inc. XXXV, CF), dir-se-ia que, como regra geral, esta estaria fora do espectro do recurso especial. Contudo, o potencial reexame pelo Judiciário, por meio de atividade típica de prestação

---

[36] É possível o manejo de mandado de segurança contra sentença proferida em justificação judicial, procedimento de jurisdição voluntária destinado, quase sempre, a produzir princípio de prova quanto à existência e veracidade de um fato ou de uma relação jurídica, pois se trata de decisão irrecorrível, não incidindo, assim, o enunciado de nº 267 da Súmula do Supremo Tribunal Federal. (STJ, RMS 19247/CE, rel. Min. Paulo Gallotti, *DJ* 07/11/2005).

jurisdicional, pode não se dar efetivamente até mesmo por perda de eficácia prática dessa intervenção e, nesse caso, a decisão no procedimento administrativo será definitiva, ensejando, pois, o recurso especial.

Parece-me que a solução definitiva para o problema será encontrada na análise, agora, teleológica. Ora, o que quis o legislador constituinte, ao instituir o recurso especial, foi fazer prevalecer a autoridade da norma federal. O império desta referência e sua aplicação uniforme no nosso sistema federativo é que impõe a intervenção do STJ, por meio do recurso especial. Em sendo assim, pode-se dizer que, seja em procedimento administrativo julgado pelo Judiciário, seja em procedimento de jurisdição voluntária ou contenciosa, caberá sim o recurso especial, desde que se dê ofensa à norma federal. A *causa* existirá, desde que o Juízo tenha sido instado, sendo que a ofensa à norma federal justificará, em definitivo, a intervenção do STJ por meio do recurso especial.

A interpretação restritiva feita pelo STJ[37], ao meu modo de ver, merece ser revista. As consequências danosas à uniformidade do direito federal serão grandiosas, caso o STJ se recuse a conhecer de recursos especiais a partir de interpretações restritivas da expressão *causa*. Imagine-se, por exemplo, a recusa do Oficial em registrar uma escritura por exigir, indevidamente, comprovação de recolhimento de determinado tributo, sendo essa sua relutância placitada pelas instâncias judiciais ordinárias em sede de procedimento de dúvida, tido como meramente administrativo. O recurso especial aí é cabível sim, a despeito de aparente restrição do STJ[38], pois há ofensa à norma federal, capaz de gerar procedimentos repetitivos e equivocados, sendo que não é razoável exigir-se do prejudicado retorno ao juízo (vias ordinárias) para questionar os mesmos posicionamentos anteriormente já adotados pelas próprias instâncias judiciais. O princípio da primazia do mérito, tão realçado pelo novo código, não aceita tal situação de postergação à definição do conflito.

---

37 Por exemplo: AgRg no AREsp 247.565/AM, Rel. Ministro RICARDO VILLAS BÔAS CUEVA, TERCEIRA TURMA, julgado em 23/04/2013, *DJe* 29/04/2013; AgRg no Ag 885.882/SP, Relator Ministro SIDNEI BENETI, TERCEIRA TURMA, julgado em 16/12/2008, *DJe* 11/02/2009.

38 RECURSO ESPECIAL. DIREITO ADMINISTRATIVO. CIVIL. PROCESSUAL CIVIL. PROCEDIMENTO DE DÚVIDA REGISTRAL. NATUREZA ADMINISTRATIVA. IMPUGNAÇÃO POR TERCEIRO INTERESSADO. IRRELEVÂNCIA. CAUSA. AUSÊNCIA. NÃO CABIMENTO DE RECURSO ESPECIAL. 1. O procedimento de dúvida registral, previsto no art. 198 e seguintes da Lei de Registros Públicos, tem,

5.8 A CONTRARIEDADE À NORMA FEDERAL

No recurso especial interposto com base na alínea *a* ("contrariar tratado ou lei federal, ou negar-lhes vigência") há mais um pressuposto específico, que se repete nas alíneas *b* ("julgar válido ato de governo local contestado em face de lei federal") e *c* ("der a lei federal interpretação divergente da que lhe haja atribuído outro tribunal").

Com efeito, percebe-se de todos os permissivos constitucionais que o *especial* só cabe em se tratando de questionamento a decisão que enfrentou este ou aquele tema sob o enfoque de lei federal.

É necessário frisar que "lei federal", para efeito de recurso especial, é aquela que decorre do Poder Legislativo da União, e com aplicação nacional, tal como advém da previsão do art. 22, CF.

Por isso mesmo, ainda é atual a Súmula 280, STF, editada quando aquele pretório detinha competência para julgar a matéria infraconstitucional, via recurso extraordinário: "Por ofensa a direito local não cabe recurso extraordinário".

Destarte, não desafia recurso especial aquela decisão que nega vigência a lei estadual ou municipal.

Se o propósito do recurso especial é a uniformização do Direito Federal, não é factível que tal modalidade recursal veicule matéria jungida à lei específica de um Estado ou Município.

Vale destacar, consoante decisão do STJ, que "na expressão lei federal estão compreendidos apenas a lei, o decreto, o regulamento e o direito estrangeiro" (AgRg 21.337-1-DF, *DJ* 03.08.92, rel. Min. Garcia Vieira).

Aliás, traduz bem esse entendimento a conceituação dada pelo Código Tributário Nacional, ao estabelecer, em seu art. 96, que

> a expressão 'legislação tributária' compreende as leis, os tratados e as convenções internacionais, os decretos e as normas

---

por força de expressa previsão legal (LRP, art. 204), natureza administrativa, não qualificando prestação jurisdicional.2. Não cabe recurso especial contra decisão proferida em procedimento administrativo, afigurando-se irrelevantes a existência de litigiosidade ou o fato de o julgamento emanar de órgão do Poder Judiciário, em função atípica.3. Recurso especial não conhecido. (STJ, REsp 1570655/GO, rel. Min. ANTONIO CARLOS FERREIRA, *DJe* 23.11.2016).

> complementares que versem, no todo ou em parte, sobre tributos e relações jurídicas a eles pertinentes.

Todavia, deve-se acrescer a esse rol as medidas provisórias (art. 62, CF), porquanto, embora marcadas pela provisoriedade, objetivam ter, no plano nacional, o mesmo alcance que a lei, figura na qual, a princípio, deveriam converter-se.

Diante desse quadro, deve-se, a rigor, excluir do cabimento do recurso especial a alegação de afronta a portaria, resolução, convênios e regimentos internos dos Tribunais.

Com relação a esses últimos, é bem verdade haver um precedente do STJ, segundo o qual "regimento interno de Tribunal é, substancialmente, regulamento de Lei Federal", sendo que "acórdão que o contraria enseja recurso especial" (REsp 13.980-0-PB, rel. Min. Humberto Gomes de Barros, j. 24.03.93).

Todavia, posteriormente, o STJ voltou a entender que "a ofensa a Regimento Interno de Tribunal não serve de fundamento a recurso especial, por não incluir-se o diploma em tela no conceito de lei federal a que alude o art. 105, da CF" (REsp 95.364-PR, rel. Min. Eduardo Ribeiro, *DJU* 03.08.98).

A propósito, o STF já havia editado a Súmula 399, pela qual "não cabe recurso extraordinário por violação de lei federal, quando a ofensa alegada for a regimento de tribunal".

Parece-me que a ofensa ao regimento poderá redundar no cabimento do recurso especial, desde que, efetivamente, aquele diploma estiver regulamentando norma federal, por expressa determinação dessa última.

É o que ocorre, por exemplo, com o art. 930, NCPC, dispositivo que aponta critério a ser seguido pelo regimento interno do Tribunal, no caso de distribuição de recursos.

Na verdade, ao interpor o recurso especial em casos deste jaez, deverá o advogado apontar infringência ao próprio dispositivo de lei federal que ensejou a norma regimental vulnerada. Assim, estará, de certa forma, resguardando-se com relação a uma interpretação mais restrita sobre o tema.

Fora dessa situação, acredito que se deva continuar prestigiando a Súmula 399, STF, mantendo sua incidência ao recurso especial.

Lembro, por fim, que no item 4.5 ("regularidade formal", no tocante ao recurso especial) foi abordado o tema ora em exame. Na ocasião, foi advertido que deve o advogado, ao aviar o recurso especial pela alínea *a*, apontar, clara, específica e categoricamente, a norma federal que está sendo vulnerada, sob pena de tal recurso não ser conhecido. Todavia, com o expressa acolhida do princípio da primazia do mérito, inclusive no campo do recurso especial[39], nada obsta que o STJ conheça de determinado insurgimento, ainda que apontada erroneamente a disposição de lei federal, se for compreensível a ofensa apontada pelo recorrente.

É verdade, por derradeiro, não ser possível desvirtuar e ampliar o alcance da expressão "*lei*" adotada pelo próprio legislador constituinte, ao conceber e prever hipóteses de cabimento ao recurso especial.

Porém, não menos verdade é que o novo código processual estabeleceu certa horizontalidade entre as normas jurídicas. Assim é que, diferente do que dizia o art. 128 do código revogado, o seu equivalente - art. 146, NCPC - afasta supremacia da lei e determina que o magistrado considere todo o ordenamento jurídico (aí incluídos os princípios). Na mesma toada, o art. 8º, NCPC invoca princípios que devem ser ponderados, chegando o art. 489, em seu par. 2º, a permitir que qualquer espécie de norma afaste outra, ainda que de natureza distinta. Em síntese, a desconsideração a determinado princípio pode ser veiculada em sede de recurso especial, desde que sejam apontados, como suporte para tanto, os dispositivos que tratem do tema no novo código.

A partir de tais considerações, admitir-se-á, doravante, o recurso especial fincado em apontada desconsideração à súmula ou outro mecanismo apto a implementar a chamada *estabilização da jurisprudência.* Para tanto, pode-se invocar, tendo em vista que o permissivo constitucional - repita-se - usa a expressão "*lei federal*", a ofensa a um dos incisos do art. 927 do novo *codex*, os quais literalizam a *estabilização jurisprudencial.*

Também aqui se aplica a viabilidade de aproveitamento do recurso, mesmo que a invocação não seja perfeita tecnicamente, ante a incidência da primazia do mérito nessa seara recursal. Ou seja, sendo perceptíveis o

---

[39] Art. 1.029, §3º "O Supremo Tribunal Federal ou o Superior Tribunal de Justiça poderá desconsiderar vício formal de recurso tempestivo ou determinar sua correção, desde que não o repute grave".

raciocínio desenvolvido e a tese jurídica sustentada, supera-se o apontamento equivocado do artigo legal.

Importante consignar, por derradeiro, que a infringência aos tratados internacionais, expressamente admitidos pela Constituição Federal, podem ensejar recurso especial. Isso porque são tidos como *supralegais*, estando abaixo da Constituição Federal (cujos dispositivos são analisados por provocação de recurso extraordinário, não ensejando o recurso especial) e acima da lei ordinária.

A propósito, recente julgamento do STJ, invocando outros precedentes da Corte e do STF, bem elucidou a matéria (tratados internacionais e recurso especial). Eis excerto do voto do Ministro Ribeiro Dantas, relator do RECURSO ESPECIAL Nº 1.640.084 - SP:

> Na sessão de 4/2/2009, a Corte Especial do Superior Tribunal de Justiça, ao julgar, pelo rito do art. 543-C do CPC/1973, o Recurso Especial 914.253/SP, de relatoria do Ministro LUIZ FUX, adotou o entendimento firmado pelo Supremo Tribunal Federal no Recurso Extraordinário 466.343/SP, no sentido de que os tratados de direitos humanos, ratificados pelo país, têm força supralegal, 'o que significa dizer que toda lei antagônica às normas emanadas de tratados internacionais sobre direitos humanos é destituída de validade.'
>
> Eis as ementas dos aludidos RE 466.343 e REsp 914.253/SP:
>
> 'PRISÃO CIVIL. Depósito. Depositário infiel. Alienação fiduciária. Decretação da medida coercitiva. Inadmissibilidade absoluta. Insubsistência da previsão constitucional e das normas subalternas. Interpretação do art. 5º, inc. LXVII e §§ 1º, 2º e 3º, da CF, à luz do art. 7º, §7, da Convenção Americana de Direitos Humanos (Pacto de San José da Costa Rica). Recurso improvido. Julgamento conjunto do RE 349.703 e dos HCs 87.585 e 92.566. É ilícita a prisão civil de depositário infiel, qualquer que seja a modalidade do depósito.' (STF, RE 466.343, Rel. Ministro CEZAR PELUSO, TRIBUNAL PLENO, julgado em 3/12/2008, DJe 4/6/2009.)
>
> 'PROCESSO CIVIL. TRIBUTÁRIO. RECURSO ESPECIAL REPRESENTATIVO DA CONTROVÉRSIA. ART. 543-C, DO CPC. DEPOSITÁRIO INFIEL. PACTO DE SÃO JOSÉ DA COSTA RICA. EMENDA CONSTITUCIONAL N. 45/2004. DIGNIDADE DA PESSOA HUMANA. NOVEL POSICIONAMENTO ADOTADO PELA SUPREMA CORTE.

1. A Convenção Americana sobre Direitos Humanos, em seu art. 7º, § 7º, vedou a prisão civil do depositário infiel, ressalvada a hipótese do devedor de alimentos. Contudo, a jurisprudência pátria sempre direcionou-se no sentido da constitucionalidade do art. 5º, LXVII, da Carta de 1988, o qual prevê expressamente a prisão do depositário infiel. Isto em razão de o referido tratado internacional ter ingressado em nosso ordenamento jurídico na qualidade de norma infraconstitucional, porquanto, com a promulgação da Constituição de 1988, inadmissível o seu recebimento com força de emenda constitucional. Nesse sentido confiram-se os seguintes julgados da Suprema Corte: RE 253.071/GO, Relator Ministro MOREIRA ALVES, Primeira Turma, DJ de 29 de junho de 2006 e RE 206.482/SP, Relator Ministro MAURICIO CORRÊA, Tribunal Pleno, DJ de 5 de setembro de 2003.

2. A edição da EC n. 45/2004 acresceu ao art. 5º da CF/1988 o § 3º, dispondo que 'Os tratados e convenções internacionais sobre direitos humanos que forem aprovados, em cada Casa do Congresso Nacional, em dois turnos, por três quintos dos votos dos respectivos membros, serão equivalentes às emendas constitucionais', inaugurando novo panorama nos acordos internacionais relativos a direitos humanos em território nacional.

3. Deveras, 'a ratificação, pelo Brasil, sem qualquer reserva do pacto Internacional dos Direitos Civis e Políticos (art. 11) e da Convenção Americana sobre Direitos Humanos - Pacto de San José da Costa Rica, (art. 7º, 7), ambos do ano de 1992, não há mais base legal para prisão civil do depositário infiel, pois o caráter especial desses diplomas internacionais sobre direitos humanos lhes reserva lugar específico no ordenamento jurídico, estando abaixo da Constituição, porém acima da legislação infraconstitucional com ele conflitante, seja ela anterior ou posterior ao ato de ratificação. Assim ocorreu com o art. 1.287 do Código Civil de 1916 e com o Decreto-Lei n. 911/1969, assim como em relação ao art. 652 do novo Código Civil (Lei n. 10.406/2002).' (voto proferido pelo Ministro GILMAR MENDES, na sessão de julgamento do Plenário da Suprema Corte em 22 de novembro de 2006, relativo ao Recurso Extraordinário 466.343/SP, da relatoria do Ministro CEZAR PELUSO).

4. A Constituição da República Federativa do Brasil, de índole póspositivista, e fundamento de todo o ordenamento jurídico, expressa, como vontade popular, que a República Federativa do Brasil, formada pela união indissolúvel dos Estados, Municípios e do Distrito Federal, constitui-se em Estado Democrático de

Direito e tem como um dos seus fundamentos a dignidade da pessoa humana como instrumento realizador de seu ideário de construção de uma sociedade justa e solidária.

5. O Pretório Excelso, realizando interpretação sistemática dos direitos humanos fundamentais, promoveu considerável mudança acerca do tema em foco, assegurando os valores supremos do texto magno. O Órgão Pleno da Excelsa Corte, por ocasião do histórico julgamento do Recurso Extraordinário 466.343/SP, Rel. Ministro CEZAR PELUSO, reconheceu que **os tratados de direitos humanos têm hierarquia superior à lei ordinária, ostentando status normativo supralegal, o que significa dizer que toda lei antagônica às normas emanadas de tratados internacionais sobre direitos humanos é destituída de validade, máxime em face do efeito paralisante dos referidos tratados em relação às normas infra-legais autorizadoras da custódia do depositário infiel. Isso significa dizer que, no plano material, as regras provindas da Convenção Americana de Direitos Humanos, em relação às normas internas, são ampliativas do exercício do direito fundamental à liberdade, razão pela qual paralisam a eficácia normativa da regra interna em sentido contrário, haja vista que não se trata aqui de revogação, mas de invalidade.**

(...)

8. Recurso especial desprovido. Acórdão submetido ao regime do art. 543-C do CPC e da Resolução STJ 8/2008. (REsp 914.253/SP, Rel. Ministro LUIZ FUX, CORTE ESPECIAL, julgado em 2/12/2009, DJe 04/2/2010 – grifou-se.)

Os acórdãos acima mencionados, ao reconhecerem o caráter supralegal dos tratados que cuidam da proteção aos direitos humanos, enfatizaram que, 'no plano material, as regras provindas da Convenção Americana de Direitos Humanos, em relação às normas internas, são ampliativas do exercício do direito fundamental à liberdade, razão pela qual paralisam a eficácia normativa da regra interna em sentido contrário, haja vista que não se trata aqui de revogação, mas de invalidade' (REsp 914.253/SP).

Trata-se do controle de convencionalidade, cuja finalidade é compatibilizar as normas internas com os tratados e convenções de direitos humanos, nos termos da doutrina pioneira, no Brasil, de VALÉRIO MAZZUOLI (O controle jurisdicional da convencionalidade das leis. 2ª ed. v. 4. São Paulo: Editora Revista dos Tribunais, 2011). Explica o autor:

> 'Nesse sentido, entende-se que o controle de convencionalidade (ou o de supralegalidade) deve ser exercido pelos órgãos da justiça nacional relativamente aos tratados aos quais o país se encontra vinculado. Trata-se de adaptar ou conformar os atos ou leis internas aos compromissos internacionais assumidos pelo Estado, que criam para estes deveres no plano internacional com reflexos práticos no plano do seu direito interno. Doravante, não somente os tribunais internacionais (ou supranacionais) devem realizar esse tipo de controle, mas também os tribunais internos. O fato de serem os tratados internacionais (notadamente os de direitos humanos) imediatamente aplicáveis no âmbito do direito doméstico, garante a legitimidade dos controles de convencionalidade e de supralegalidade das leis no Brasil' (MAZZUOLI, Valério. O controle jurisdicional da convencionalidade das leis. 2ª ed. v. 4. São Paulo: Editora Revista dos Tribunais, 2011, pp. 133-134.)

Nesse particular, a Corte Interamericana de Direitos Humanos, quando do julgamento do caso Almonacid Arellano y otros v. Chile, passou a exigir que o Poder Judiciário de cada Estado Parte do Pacto de São José da Costa Rica exerça o controle de convencionalidade das normas jurídicas internas que aplica aos casos concretos (texto disponível no sítio eletrônico: www.corteidh.or.cr/docs/casos/articulos/seriec_154_esp.pdf).

Salienta MARINONI que, 'no atual sistema normativo brasileiro, os tratados que possuem status normativo supralegal apenas abrem oportunidade ao controle difuso. O exercício do controle de convencionalidade é um dever do juiz nacional, podendo ser feito a requerimento da parte ou mesmo de ofício' (In Controle de convencionalidade: um panorama latino-americano: Brasil, Argentina, Chile, México, Peru, Uruguai/Calogero Pizzolo... [et al.]; coordenação Luiz Guilherme Marinoni, Valério de Oliveira Mazzuoli. - 1. Ed. - Brasília, DF: Gazeta Jurídica, 2013, p. 66).

Anote-se, ainda, que o controle de convencionalidade não se confunde com o controle de constitucionalidade, uma vez que a posição supralegal do tratado de direitos humanos é bastante para superar a lei ou ato normativo interno que lhe for contrária, abrindo ensejo a recurso especial, como, aliás, já fez esta Corte Superior ao entender pela inconvencionalidade da prisão civil do depositário infiel.

A propósito, o art. 105, III, 'a', da Constituição Federal de 1988 estabelece, expressamente, a competência do Superior Tribunal

> de Justiça para 'julgar, em recurso especial, as causas decididas, em única ou última instância, pelos Tribunais Regionais Federais ou pelos Tribunais dos Estados, do Distrito Federal e **Territórios**, quando a decisão recorrida contrariar tratado ou lei federal, ou negar-lhes vigência' (grifou-se.).

Diferente será para a hipótese em que o processo versa sobre tratados e convenções internacionais sobre direitos humanos e que são aprovados pelas Casas do Congresso Nacional, na forma do §3º do art. 5º da CF. É que, em tal hipótese, a própria disposição constitucional diz que aqueles diplomas serão "equivalentes às emendas constitucionais", sendo que, aí, o recurso cabível terá que ser o recurso extraordinário.

O voto acima transcrito em parte, nesse ponto, também elucida a dicotomia entre norma constitucional (recurso extraordinário) e infraconstitucional (recurso especial), quanto aos tratados e convenções internacionais:

> Se a discussão girasse em torno de tratado ou convenção votado sob regime do art. 5º, § 3º, da CF), a coisa seria diferente, porque a norma, aí, teria status de emenda constitucional e, desse modo, haveria controle de constitucionalidade, com usurpação da competência do Supremo Tribunal Federal, na hipótese de controle concentrado, ou da Corte Especial do Superior Tribunal de Justiça, em caso de controle difuso (cláusula de reserva de plenário).

Essas são, pois, as disposições de lei federal, de cunho infraconstitucional, que admitem a interposição de recurso especial, quando infringidas.

5.9 O RECURSO ESPECIAL E A HIPÓTESE DE DIVERGÊNCIA JURISPRUDENCIAL

A alínea *c* do art. 105, III, CF traz a hipótese de cabimento do recurso especial quando o acórdão recorrido "der a lei federal interpretação divergente da que lhe haja atribuído outro tribunal".

Preocupa-se, aqui, o legislador, em propiciar ao STJ o apaziguamento de discrepâncias jurisprudenciais, a partir de comprovações específicas, visualizadas em acórdãos concretos.

Evidente que o STJ irá, diante de tais situações, uma vez conhecendo o *especial*, em face da efetiva e formal divergência, dizer quais acórdão e respectiva tese melhor se ajustam ao seu entendimento. Se o acórdão paradigma, no qual se ampara o recorrente, estampar a tese adotada pelo STJ, deverá esse Tribunal prover o recurso especial. Porém, embora conhecendo do recurso por haver efetiva e formal divergência, irá o STJ negar-lhe provimento caso adira ao entendimento do próprio acórdão recorrido.

Certo, outrossim, é que o conhecimento do recurso só se dará se a divergência já não tiver sido superada pelo próprio entendimento do STJ. Em tal circunstância, é de se convir, não tem razão prática o processamento do recurso especial, pois não interessará ao STJ julgar conflito de acórdãos sobre o qual já se pronunciou.

Assim é que o STJ criou a Súmula 83, pela qual "não se conhece do recurso especial pela divergência, quando a orientação do Tribunal se firmou no mesmo sentido da decisão recorrida". A Súmula 286 STF, quando esse Pretório examinava tais situações, também era nesse sentido.

Alguns aspectos, a propósito da admissibilidade do recurso especial pela divergência jurisprudencial, merecem ser ressaltados.

5.9.1 A demonstração da divergência

Em primeiro lugar, deve-se lembrar que o parágrafo único do art. 1.029, §1º, NCPC traça o mecanismo para que haja, corretamente, a demonstração do confronto entre os acórdãos:

> Quando o recurso fundar-se em dissídio jurisprudencial, o recorrente fará a prova da divergência com a certidão, cópia autenticada ou pela citação do repositório de jurisprudência, oficial ou credenciado, inclusive mídia eletrônica, em que houver sido publicado o acórdão divergente, ou ainda com a reprodução de julgado disponível na rede mundial de computadores, com indicação da respectiva fonte, devendo-se, em qualquer caso, mencionar as circunstâncias que identifiquem ou assemelhem os casos confrontados.

O confronto propriamente dito dá-se na referência, feita pelo recorrente, às circunstâncias que assemelhem os casos confrontados.

O §2º, art. 255, *RISTJ* elucida que,

> em qualquer caso, o recorrente deverá transcrever os trechos dos acórdãos que configurem o dissídio, mencionando as circunstâncias que identifiquem ou assemelhem os casos confrontados.

O importante, na exposição da divergência, é que o recorrente demonstre, em um primeiro instante, as semelhanças fáticas entre os acórdãos, o que se deve fazer com a comparação das narrativas, a tal propósito, lançadas no corpo dos julgados. Em seguida, o recorrente deve confrontar as conclusões jurídicas dos acórdãos, expondo suas divergências.

Em suma, estando claro que dois Tribunais manifestaram entendimentos jurídicos distintos, mesmo diante de situações fáticas similares, deve o STJ, em tese, conhecer do recurso especial aviado, para fazer valer a tese que se lhe afigurar mais adequada.

Embora com um indiscutível exagero, ao exigir que os casos sejam idênticos, o seguinte aresto do STJ bem exemplifica o raciocínio agora desenvolvido:

> Na interposição do recurso especial fundado na letra 'c' do permissivo constitucional, para que se comprove a divergência jurisprudencial alegada faz-se necessário que os paradigmas colacionados apreciem a matéria *com invocação da legislação federal em que ficou fundamentado o acórdão recorrido*, porém dando-lhe interpretação distinta. Em síntese, é necessário que as situações enfrentadas pelo aresto hostilizado e os paradigmas colacionados sejam idênticos e as soluções adotadas sejam distintas. Recurso não conhecido (REsp 51.791-SP, rel. Min. Peçanha Martins, *DJU* 03.08.98, destacamos).

Outro precedente, agora assimilando a ideia da mera semelhança entre os casos em confronto, também vale para exemplificar:

> O conhecimento do recurso especial, fundado na alínea 'c' do permissivo constitucional, requisita não apenas a apresentação dos trechos dos acórdãos que configurem o dissídio alegado, mas também a demonstração das circunstâncias que identifiquem ou assemelhem os casos confrontados, de modo a demonstrar analiticamente a divergência jurisprudencial (STJ, REsp 369935-MG, rel. Min. Hamilton Carvalhido, *DJ* 19.12.02).

De maneira bem prática, assim elucida o julgado abaixo:

> A divergência jurisprudencial deve ser comprovada, cabendo a quem recorre demonstrar as circunstâncias que identificam ou assemelham os casos confrontados, com indicação da similitude fático-jurídica entre eles. Indispensável a transcrição de trechos do relatório e do voto dos acórdãos recorrido e paradigma,

> realizando-se o cotejo analítico entre ambos, com o intuito de bem caracterizar o entendimento legal divergente.
>
> O desrespeito a esses requisitos legais e regimentais (art. 541, parágrafo único, do CPC e art. 255 do RI/STJ) impede o conhecimento do Recurso Especial com base na alínea 'c' do inciso III do art. 105 da Constituição Federal..."
>
> (REsp 1766100/PR, Rel. Ministro HERMAN BENJAMIN, SEGUNDA TURMA, julgado em 13/11/2018, *DJe* 21/11/2018).

Para que se faça essa exibição da divergência, não é possível que o recorrente fique adstrito às ementas dos acórdãos. Pelo teor das ementas, não é possível que o STJ avalie, com segurança, a similitude entre os casos, e mesmo a extensão das conclusões jurídicas exaradas.

Com efeito, é voz corrente no STJ que

> a demonstração da divergência deve ser analítica; a mera transcrição de ementas, sem que os casos a que se referem sejam perfeitamente identificados, não basta para caracterizar o dissídio jurisprudencial (REsp 97.100-SP, rel. Min. Ari Pargendler, *DJU* 03.02.97).

É bem verdade que, em casos de divergência notória, o STJ já vinha mitigando o rigor de seu entendimento.

Confira-se o seguinte precedente:

> No caso de dissídio notório, não se exige a transcrição de trechos dos acórdãos trazidos a confronto, nem que se faça o cotejo analítico entre eles e o acórdão impugnado, notadamente quando o paradigma é oriundo deste Tribunal (STJ, REsp 476.752-RJ, rel. Min. Sálvio de Figueiredo Teixeira, *DJ* 17.03.03).

Agora com a vigência do novo código processual e o ingresso do princípio da primazia do mérito também no recurso especial (art. 1.029, § 3º), indiscutivelmente que, se compreendida a divergência apontada, competirá ao STJ, ainda que inobservado o rigor da regra legal e regimental, conhecer o recurso.

De igual forma, em havendo divergência com enunciado sumular do STJ, dispensa-se a transcrição dos acórdãos que lhe deram origem, sendo suficiente a transcrição de seu texto. Evidente que, também aí, necessário será o confronto entre o enunciado da súmula e o acórdão recorrido.

5.9.2 Ainda a demonstração da divergência – Exibição dos acórdãos

Impressiona o rigor da lei quanto à comprovação dos acórdãos divergentes, eis que o art. 1.029, §1º, NCPC estabelece que

> Quando o recurso fundar-se em dissídio jurisprudencial, o recorrente fará a prova da divergência com a certidão, cópia autenticada ou pela citação do repositório de jurisprudência, oficial ou credenciado, inclusive mídia eletrônica, em que houver sido publicado o acórdão divergente, ou ainda com a reprodução de julgado disponível na rede mundial de computadores, com indicação da respectiva fonte, devendo-se, em qualquer caso, mencionar as circunstâncias que identifiquem ou assemelhem os casos confrontados.

A exigência, bastante ultrapassada e sem efeito prático, da certidão ou cópia autenticada fica superada, na medida em que o *RISTJ* adota o mesmo critério do Código Processual, inserido no art. 425, IV.

Com efeito, o art. 255, §1º, alínea *a*, *RISTJ*, permite que essa exigência seja substituída por "declaração de autenticidade do próprio advogado, sob sua responsabilidade pessoal".

Se o recorrente estiver valendo-se dos repositórios oficiais ou autorizados (conferir §3º, art. 255, *RISTJ*), estará dispensado de fazer a apresentação das cópias integrais dos acórdãos. Não estará dispensado, porém, de fazer as transcrições necessárias à comprovação da divergência.

Esclareça-se que, quando a parte quer se valer de paradigma constante da Internet, deve-se reproduzir o julgado extraído desse mecanismo da informática. E, além disso, há que se identificar, com clareza, a fonte de onde extraído.

5.9.3 A divergência e os outros tribunais

Como se sabe, o permissivo constitucional dispõe caber o recurso especial se o acórdão recorrido "der a lei federal interpretação divergente da que lhe haja atribuído *outro tribunal*" (art. 105, III, *c*, CF).

Tal redação conduz ao raciocínio de que a divergência, no âmbito do mesmo Tribunal, não autoriza o recurso especial.

O objetivo precípuo do recurso especial, como já visto, é de propiciar ao STJ a possibilidade de uniformizar a interpretação sobre o direito federal infraconstitucional. Acontece que tal uniformização, dentro de um mesmo Tribunal, dispensa a intervenção do STJ, pois isso pode ser alcançado internamente, consoante previsões do Código de Processo Civil.

O STJ já editou a Súmula 13, a qual, a propósito, sedimenta o entendimento de que "a divergência entre julgados do mesmo Tribunal não enseja recurso especial". Na mesma linha, o STF, quando tinha competência para uniformizar a jurisprudência infraconstitucional, editou a sua Súmula 369.

Resta saber se os acórdãos de todos os demais Tribunais podem valer, para efeito de ocorrência de divergência jurisprudencial.

Com efeito, as decisões de todos os outros Tribunais, desde que veiculem entendimento sobre direito infraconstitucional, servem para amparar a acusação de divergência jurisprudencial.

Veja-se que, ao contrário do que ocorre com o recurso extraordinário (art. 102, III, CF), o recurso especial não pode ser interposto contra decisão de Turmas Recursais dos Juizados Especiais (Súmulas 203, STJ e 640, STF). De igual forma, decisões das Turmas Recursais, até mesmo porque estas não se constituem em Tribunais, não ensejam a interposição do recurso especial com base na invocação de divergência jurisprudencial.

Os acórdãos do STF podem, perfeitamente, dar ensejo à caracterização da divergência jurisprudencial, porque, a despeito de a competência precípua daquele Pretório ser uniformizar a interpretação sobre a Constituição Federal, não é raro ele dispor sobre normas processuais, inclusive sobre contagem de prazos. Ou, mais ainda, o STF também enfrenta normas infraconstitucionais, quando se vê na contingência de julgar recursos ordinários ou ações de sua competência originária (art. 102, I e II, CF).

Obviamente, a divergência com o próprio STJ autoriza o conhecimento do *especial*. E, convenhamos, tal divergência é, a rigor, a que mais revela a necessidade de conhecimento do *especial*, pois mostra que o STJ deve intervir no caso concreto para fazer prevalecer o seu já firmado entendimento sobre certo assunto.

6

O JUÍZO DE ADMISSIBILIDADE DO RECURSO ESPECIAL NO TRIBUNAL DE ORIGEM

O recurso especial submete-se ao juízo de admissibilidade em dois instantes: *a)* pelo Presidente ou Vice-Presidente do Tribunal Recorrido, após interposto e respondido o recurso; *b)* pelo STJ, seja em sede de recurso especial, se este for admitido, seja em sede de agravo (art. 1.042, NCPC), se for denegado na origem.

Dispõe, com efeito, o art. 1.030 do NCPC que, após oferecidas as contrarrazões ao *especial*, "os autos serão conclusos ao presidente ou ao vice-presidente do tribunal recorrido", para prévia análise.

Cabe à Presidência ou Vice-Presidência do Tribunal Recorrido proceder a uma triagem dos recursos, que, efetivamente, irão subir ao STJ, consoante inc. V do art. 1.030, NCPC. Destaque-se que inexistirá esta análise de admissibilidade com vistas ao encaminhamento ao STJ do recurso especial, se já existir deliberação sobre o tema em sede de recurso repetitivo (alínea "a", inc. V, art. 1.030, NCPC) ou se, em sede de retratação, o órgão de origem mudar sua decisão (alínea "c", inc. V, art. 1.030, NCPC c/c inc. II art. 1.040, NCPC), até porque, nessa última hipótese, o insurgimento restará prejudicado. Evidente que, mesmo que selecionado o recurso especial como representativo de controvérsia, deverá a presidência ou vice-presidência analisar se ele preenche todos os pressupostos específicos e genéricos de admissibilidade (alínea "b", inc. V, art. 1.030, NCPC).

Essa triagem – reafirme-se – haverá de considerar os pressupostos de admissibilidade genéricos e específicos afetos ao recurso especial.

Se, para conhecer o *especial* pela alínea *a*, mister é que o Tribunal vislumbre a efetiva ofensa à norma infraconstitucional, para, só a partir daí, aplicando o Direito à espécie, prover ou não o insurgimento, deve de igual forma o Tribunal de Origem, naquele prévio juízo de admissibilidade, em tais casos também avaliar a viabilidade de haver dita ofensa.

Com efeito, parece-me correto o entendimento do STJ no sentido de que

> não há que se falar em usurpação de competência quando o juízo monocrático de admissibilidade adentra no mérito do recurso especial, uma vez que o Tribunal de origem ao não acolher o apelo extremo pela alínea 'a', em face dos pressupostos constitucionais (art. 105, III, 'a', CF), deve verificar se o acórdão contrariou ou negou vigência a dispositivo de lei federal, o que corresponde, na realidade, à análise do próprio mérito da controvérsia (AgRg no AI 414.804-PE, rel. Min. Paulo Gallotti, *DJ* 02.09.02).

Aliás, a ementa desse mesmo acórdão traz um outro parágrafo, que é oportuno para o presente momento, na medida em que veicula a afirmativa, em outras palavras, de que o STJ pode não conhecer do recurso especial, a despeito do juízo positivo ocorrido no Tribunal de Origem.

Sim, lá está sedimentado o entendimento pacífico e óbvio de que "o Superior Tribunal de Justiça não fica vinculado aos fundamentos da decisão proferida no juízo de admissibilidade do recurso especial".

Advirta-se que, a despeito de silêncio da norma legal, a decisão da Presidência ou Vice-Presidência do Tribunal Recorrido que admite ou não o *especial* deve ser *fundamentada* (art. 93, IX, CF e art. 11, NCPC).

A Súmula 123, STJ, diga-se de passagem, é clara neste sentido: "A decisão que admite, ou não, o recurso especial deve ser fundamentada, com o exame de seus pressupostos gerais e constitucionais".

Logo, se a decisão há de ser fundamentada, seja de admissão ou inadmissão, chega-se à conclusão de que, se ausente este requisito, cabem embargos declaratórios.

Com efeito, não há restrição alguma ao cabimento dos *aclaratórios* em casos tais, até porque a jurisprudência já estava sedimentada no sentido de que, a despeito da redação do art. 535, CPC/73, as decisões - e não apenas sentenças e acórdãos - também desafiam tal recurso de integração.

Confira-se:

> Decisão interlocutória. Os embargos declaratórios são cabíveis contra qualquer decisão judicial e, uma vez interpostos, interrompem o prazo recursal. A interpretação meramente literal do art. 535 do CPC atrita com a sistemática que deriva do próprio ordenamento processual, notadamente após ter sido erigido a nível constitucional o princípio da motivação das decisões judiciais (STJ - Corte Especial; *RF* 349/235).

Mais especificamente: "Cabem embargos de declaração contra a decisão que *admite* ou denega o *recurso especial*, quando omissa, obscura ou contraditória" (*RSTJ* 46/548).

Todavia, posteriormente, e em contraposição ao que ora se defende, o STJ passou a entender não ser cabível o recurso de embargos declaratórios contra a decisão que admite ou inadmite o especial. E, mais ainda, passou a entender o STJ que os embargos declaratórios, nesta circunstância, não interrompem o prazo para o agravo.

Com efeito, a posição majoritária no STJ é no sentido de que "o agravo de instrumento é o único recurso cabível contra decisão que nega seguimento a recurso especial (CPC, art. 544). Desse modo, a oposição de embargos de declaração não interrompe o prazo para a interposição do agravo de instrumento" (AgRg no Agravo de Instrumento 1.341.818-RS, DJ 31/10/2012).

Data venia, penso que este entendimento do STJ precisa ser revisto, vez mais. Trata-se de perigosa e prejudicial restrição, criada com o único propósito de punir a utilização de embargos declaratórios protelatórios. Acontece que o próprio Código de Processo Civil, em seu art. 1.026, §2º, já estabelece a multa com tal caráter punitivo, sendo afrontosa ao princípio da legalidade e mesmo ao da lealdade processual a inovação do STJ.

O novo código, aliás, parece levar à necessária modificação da jurisprudência do STJ. Isso porque, diferente do que dizia o código revogado, o atual, em seu artigo 1.022, estabelece, de forma clara e ampliativa, que cabem embargos declaratórios "contra qualquer decisão judicial". Ou seja, independente do momento processual em que é proferida a decisão, pode a parte sim valer-se do recurso integrativo de embargos declaratórios para corrigi-la.

Enfim, se admitido o recurso especial os autos são encaminhados ao STJ. Porém, se inadmitido, caberá o agravo cujo propósito será o *destrancamento* daquele por decisão monocrática do relator no STJ.

Além disso, o novo código atribui ao presidente ou vice-presidente do tribunal recorrido competência, nessa fase processual, para:

a) Negar seguimento a recurso extraordinário em desconformidade com o que decidido pelo Supremo Tribunal Federal em sede de repercussão geral (alínea "a", art. 1.030, I, NCPC).

b) Negar seguimento a recurso extraordinário ou especial em desconformidade com o decidido pelo STJ ou STF, em regime de recursos repetitivos (alínea "b", art. 1.030, I, NCPC).

c) Encaminhar o processo ao órgão julgador para exercício do juízo de retratação, no caso de o acórdão recorrido estar em desconformidade com o decidido pelo STJ ou STF, em regime de recursos repetitivos (inc. II, art. 1.030, NCPC).

d) Sobrestar os recursos especial e extraordinário, que versem sobre controvérsia de caráter repetitivo ainda não decidida ou sobre a qual penda análise sobre repercussão geral no STF (inc. III, art. 1.030 e §5º do art. 1.035, NCPC).

e) Selecionar o recurso como representativo de controvérsia constitucional ou infraconstitucional, nos termos do §6º do art. 1.036 (inc. IV, art. 1.030 NCPC).

Essas hipóteses, que estão sob a competência da presidência ou vice-presidência do tribunal recorrido, ensejarão recursos distintos e que serão analisados no capítulo seguinte.

7

O AGRAVO CONTRA INADMISSÃO DO RECURSO ESPECIAL. O AGRAVO INTERNO E SEU CABIMENTO

7.1 OS PRESSUPOSTOS DE ADMISSIBILIDADE DO AGRAVO AO STJ

Contra a decisão que inadmite o recurso especial, proferida naquela triagem feita pelo Tribunal de origem, cabe o recurso de agravo.

O prazo é de 15 (quinze) dias (art. 1.003, §5º, NCPC).

Como já afirmado no capítulo 6, enfatiza-se que são cabíveis embargos declaratórios contra a decisão que analisa, na Corte de origem, a admissibilidade do recurso especial, a despeito de jurisprudência do STJ em sentido contrário. É que o CPC/15 ao contrário do que dizia a redação acanhada do art. 535, CPC/73, prevê, categoricamente, serem cabíveis embargos declaratórios **"contra qualquer decisão judicial"** (art. 1.022).

Daí decorre outra consequência relevante, qual seja a de que a interposição tempestiva dos embargos declaratórios que apontam algum (ns) vício (s) salientado (s) no referido art. 1022, é suficiente para interromper o prazo ao agravo direcionado ao STJ, incidindo, normalmente, o comando do art. 1026 ("*... interrompem o prazo para a interposição de recurso*"). Tal recurso não exige a anexação de cópias de peças, bastando a apresentação da peça de interposição com o respectivo arrazoado. De igual forma, o recurso de agravo dispensa o recolhimento de custas e despesas postais, ou seja, a ele não se aplica o pressuposto do preparo.

A propósito, o art. 1.042, NCPC, em seu §2º, esclarece que "a petição de agravo será dirigida ao presidente ou ao vice-presidente do tribunal de origem e independe do pagamento de custas e despesas postais...".

É importante lembrar que o CPC revogado, em seu artigo 544, §4º, I, já estabelecia não ser conhecível o agravo que deixa de atacar especificamente os fundamentos da decisão agravada. O novo Código não o diz isso especificamente para o agravo, mas continua a valer esse requisito formal, na medida em que estabelecido genericamente para todos os recursos. Sim, o art. 932, NCPC, em seu inciso III, diz competir ao relator de qualquer recurso dele não conhecer, caso o recorrente "não tenha impugnado especificamente os fundamentos da decisão recorrida".

Com relação a esse pressuposto, deve-se dizer que, assim como ocorre no recurso especial, o ASTJ tem efeito devolutivo vinculado, ou seja, a decisão agravada só será reexaminada em sua inteireza se todos os seus fundamentos forem atacados pelo agravante.

Destaque-se que, aqui também, só terá incidência tal obstáculo ao conhecimento do recurso, se o fundamento inatacado for suficiente, por si só, para manter a decisão agravada. Se a decisão da presidência ou vice-presidência do tribunal recorrido, por exemplo, inadmite o *especial* por não vislumbrar ofensa aos artigos que tratam da prestação jurisdicional completa e fundamentação das decisões, basta que o agravo impugne a assertiva central (falta de prestação jurisdicional completa e fundamentação), sendo irrelevante se não atacou - um por um - os diversos artigos legais invocados sobre o tema. Aliás, vale repetir (conferir item 5.6) que fundamento jurídico e fundamento legal são institutos distintos e não se confundem.

Pode-se exemplificar, a propósito, com o precedente no sentido de que, "quando os fundamentos da decisão de inadmissibilidade do recurso especial não são suficientes, por si sós, para a manutenção do julgado, A IMPUGNAÇÃO DE APENAS UM DELES, POR VIABILIZAR O EXAME DO RECURSO ESPECIAL NO PONTO ATACADO, AFASTA O ÓBICE DA SÚMULA N. 182 DO STJ. Interpretação a contrário senso da Súmula n. 283 do STF. (...)"[40].

---

[40] AgRg no AREsp 812.567/PR, Rel. Ministro JOÃO OTÁVIO DE NORONHA, TERCEIRA TURMA, julgado em 14/06/2016, *DJe* 16/06/2016.

No resto, repita-se que, restando algum fundamento independente sem qualquer censura pelo agravo, estará havendo a preclusão com relação ao mesmo, o que importará o não conhecimento do recurso. Isto significa que aquele fundamento não atacado será suficiente à manutenção da decisão agravada.

7.2 O PROCESSAMENTO DO AGRAVO AO STJ

O agravo, necessariamente, haverá de subir ao STJ, ainda que intempestivo. Em que pese inexistir referência expressa em tal sentido, justifica-se a manutenção da orientação do STJ no sentido de que não pode o agravo ter seu seguimento obstado no Tribunal de Origem (conferir, por exemplo, Rcl 410-PI e Rcl 445-AM). É que o novo código não trouxe qualquer referência ao juízo de admissibilidade do agravo, no âmbito do tribunal de origem, descabendo, nessa fase, obstar-se a subida do referido recurso.

Após resposta pelo agravado no prazo de 15 (quinze) dias (art. 1.003, §5º, NCPC), os autos subirão ao STJ caso não haja retratação (§4º, art. 1.042, NCPC). Com efeito, o CPC/2015 trouxe de volta o juízo de retratação para esta modalidade de agravo. Isso significa que o presidente ou vice-presidente do tribunal de origem poderá rever a decisão de inadmissão do recurso especial, fazendo com que os autos subam com a deliberação de admissão.

Perante o STJ, conforme se percebe do parágrafo único do art. 253 do Regimento Interno da Corte, poderá o relator: *a)* conhecer do agravo para dar provimento ao próprio *especial*, se o acórdão recorrido for contrário "à tese fixada em julgamento de recurso repetitivo ou de repercussão geral, a entendimento firmado em incidente de assunção de competência, a súmula do Supremo Tribunal Federal ou do Superior Tribunal de Justiça ou, ainda, a jurisprudência dominante acerca do tema"; *b)* conhecer do agravo, e determinar sua conversão em recurso especial com a incidência do procedimento relativo a este daí em diante, inclusive no que toca aos recursos repetitivos; *c)* não conhecer do agravo, se ausentes os seus pressupostos de admissibilidade (por exemplo, a tempestividade e a não impugnação específica dos fundamentos da decisão agravada); *d)* conhecer do agravo e não conhecer, desde já, "do recurso especial inadmissível, prejudicado ou daquele que não tenha impugnado especificamente todos os fundamentos da decisão recorrida"; *e)* conhecer do agravo e "negar provimento ao recurso especial que for contrário a tese fixada em julgamento de recurso repetitivo ou de repercussão geral, a entendimento firmado em incidente de assunção de competência, a súmula do Supremo Tribunal Federal ou do Superior Tribunal de Justiça ou, ainda, a jurisprudência dominante acerca do tema".

O Código de 2015, por outro lado, deixa claro que o recurso de agravo poderá ser julgado, originariamente, pelo colegiado do STJ, inclusive em conjunto com outro recurso especial (interposto por um litisconsorte, por exemplo), devidamente admitido e que não foi definido por decisão monocrática do Ministro Relator. Nessa hipótese, ganha-se tempo, pois a decisão proferida em sede de agravo já será colegiada, o que afastará, naturalmente, o agravo interno que poderia ser interposto contra a decisão se fosse ela monocrática (art. 1.021, NCPC e art. 259, RISTJ).

7.3 O AGRAVO DE INSTRUMENTO NO PROCESSO CRIMINAL

O agravo contra inadmissão de recurso especial, no âmbito criminal, tendo em vista a revogação do art. 28 da Lei 8.038/90 (confira-se art. 1.072, IV, NCPC), submete-se ao prazo de 15 dias.

Contudo, na contagem do prazo não se aplica a regra do art. 219 NCPC, dispositivo este que assegura sejam computados apenas os dias úteis. É que o processo penal tem disposição específica e expressa em sentido contrário, a qual não foi revogada.[41] De fato, o art. 798 do Código de

---

[41] "... 4. A contagem de prazo em dias úteis, prevista no art. 219 do novo CPC, não se aplica ao recurso especial, que versa sobre matéria penal, haja vista a existência de legislação própria e específica regulamentando o assunto.
5. O Código de Processo Penal, em seu art. 798, caput, estabelece que os prazos 'serão contínuos e peremptórios, não se interrompendo por férias, domingo ou dia feriado', ou seja, nesse caso a contagem do prazo para a interposição do recurso será feita em dias corridos.
6. É descabido postular a concessão de habeas corpus, de ofício, como forma de tentar burlar a inadmissão do recurso especial.
7. Agravo regimental não provido.
(AgRg no AREsp 1226568/PB, Rel. Ministro RIBEIRO DANTAS, QUINTA TURMA, julgado em 24/05/2018, *DJe* 30/05/2018)."
PROCESSUAL PENAL. AGRAVO REGIMENTAL NO AGRAVO EM RECURSO ESPECIAL. RECURSO TIRADO CONTRA A INADMISSÃO DO APELO RARO. PRAZO RECURSAL DE CINCO DIAS. INTEMPESTIVIDADE. AGRAVO DESPROVIDO.
... 2. Esta Corte já se manifestou no sentido de que em ações que tratam de matéria penal ou processual penal não incidem as novas regras do Código de Processo Civil – CPC, referentes à contagem dos prazos em dias úteis (art. 219 da Lei 13.105/2015).
Agravo regimental desprovido.
(AgRg no AREsp 951.475/RS, Rel. Ministro JOEL ILAN PACIORNIK, QUINTA TURMA, julgado em 15/09/2016, *DJe* 30/09/2016)

Processo Penal, em seu *caput* e §1º, determina que "Todos os prazos correrão em cartório e serão contínuos e peremptórios, não se interrompendo por férias, domingo ou dia feriado" e que "não se computará no prazo o dia do começo, incluindo-se, porém, o do vencimento".

Cabe a ressalva que, no tocante ao agravo contra decisão monocrática proferida no STJ em processo de matéria penal, o prazo continua a ser de 5 (cinco) dias, eis que não revogado o art. 39 da Lei 8.038/90 (a propósito, no mesmo sentido, o art. 258, RISTJ)[42].

7.4 O AGRAVO INTERNO. CABIMENTO E PROCEDIMENTO

Considerando o objetivo do legislador em dar mais racionalidade ao julgamento de recursos repetitivos, foi vedado o acesso ao STJ com base em recurso contra decisão da presidência ou vice-presidência que aplica enunciados advindos daqueles julgados.

Vale destacar, a propósito, que a opção do legislador, na linha jurisprudência mesmo na vigência do código revogado, foi a de permitir que o insurgimento da parte contra indevido enquadramento de seu recurso nas

---

[42] AGRAVO REGIMENTAL NO AGRAVO EM RECUSO ESPECIAL. RECEPTAÇÃO. PROCESSO PENAL. RECURSO CONTRA DECISÃO MONOCRÁTICA DE RELATOR. PRAZO: 5 DIAS CORRIDOS. ART. 39 DA LEI Nº 8.038/90. INTEMPESTIVIDADE. PLEITO PARA CONCESSÃO DE HABEAS CORPUS DE OFÍCIO. UTILIZAÇÃO COMO MEIO PARA ANÁLISE DO MÉRITO DO RECURSO. INVIABILIDADE. AGRAVO REGIMENTAL NÃO CONHECIDO.
1. A entrada em vigor do novo Código de Processo Civil não alterou o prazo para a interposição de agravo contra decisão monocrática de relator em matéria penal. Portanto, nessa hipótese, está vigente o comando normativo contido no art. 39 da Lei n.º 8.038/90, ou seja, o prazo para a apresentação do citado apelo é de 5 dias corridos.
2. Na hipótese, a decisão agravada foi disponibilizada no Diário da Justiça Eletrônico/STJ em 07/11/2018, sendo considerada publicada no primeiro dia útil seguinte, ou seja, 08/11/2018 (fl. 693). O presente agravo regimental, no entanto, só veio a ser interposto nesta Corte em 29/11/2018 (fl. 698), quando já havia escoado o prazo para a sua interposição.
3. Nos termos do art. 654, § 2º, do Código de Processo Penal, o habeas corpus de ofício é deferido por iniciativa dos Tribunais quando detectarem ilegalidade flagrante, não se prestando como meio para que a Defesa obtenha pronunciamento judicial acerca do mérito de recurso que não ultrapassou os requisitos de admissibilidade.
4. Agravo regimental não conhecido.
(AgRg no AREsp 1389936/DF, Rel. Ministra LAURITA VAZ, SEXTA TURMA, julgado em 12/03/2019, *DJe* 29/03/2019).

hipóteses repetitivas dê-se por meio de, apenas, recurso ao próprio tribunal de origem. Tal dar-se-á por meio do agravo interno.

De fato, assim os dispositivos abaixo disciplinaram:

> Art. 1.030 (competência do presidente ou vice-presidente do tribunal recorrido)
>
> I – negar seguimento: (Incluído pela Lei nº 13.256, de 2016)
>
> a) a recurso extraordinário que discuta questão constitucional à qual o Supremo Tribunal Federal não tenha reconhecido a existência de repercussão geral ou a recurso extraordinário interposto contra acórdão que esteja em conformidade com entendimento do Supremo Tribunal Federal exarado no regime de repercussão geral; (Incluída pela Lei nº 13.256, de 2016)
>
> b) a recurso extraordinário ou a recurso especial interposto contra acórdão que esteja em conformidade com entendimento do Supremo Tribunal Federal ou do Superior Tribunal de Justiça, respectivamente, exarado no regime de julgamento de recursos repetitivos; (Incluída pela Lei nº 13.256, de 2016)
>
> (...)
>
> III – sobrestar o recurso que versar sobre controvérsia de caráter repetitivo ainda não decidida pelo Supremo Tribunal Federal ou pelo Superior Tribunal de Justiça, conforme se trate de matéria constitucional ou infraconstitucional; (Incluído pela Lei nº 13.256, de 2016)
>
> § 2º Da decisão proferida com fundamento nos incisos I e III caberá agravo interno, nos termos do art. 1.021. (Incluído pela Lei nº 13.256, de 2016)

Na mesma linha, o art. 1.042, NCPC, ao dizer sobre o agravo ao STJ, afasta-o para as situações de aplicação de entendimento firmado em recursos repetitivos e repercussão geral:

> Art. 1.042. Cabe agravo contra decisão do presidente ou do vice-presidente do tribunal recorrido que inadmitir recurso extraordinário ou recurso especial, salvo quando fundada na aplicação de entendimento firmado em regime de repercussão geral ou em julgamento de recursos repetitivos.

O agravo interno, para tais situações, é regrado pelo art. 1.021, NCPC, tendo prazo de 15 (quinze) dias e comportando o juízo de retratação antes do julgamento pelo colegiado.

No caso da decisão que sobrestar ou negar seguimento a recurso especial, por certo que o agravo interno será manifestado contra ato judicial do presidente ou vice-presidente do tribunal recorrido.

E, em hipóteses tais, via de regra, a competência adotada pelos regimentos internos dos tribunais, para julgamento do agravo interno, é da Corte Especial.

No capítulo 9, relacionado ao procedimento dos recursos especiais repetitivos, este tema volta a ser enfrentado.

7.5 O AGRAVO INTERNO E O AGRAVO NOS AUTOS. CONCOMITÂNCIA

É cediço vigorar em nosso sistema processual o princípio da unirrecorribilidade, a impedir a interposição de dois ou mais recursos contra o mesmo ato judicial. Assim entende-se, pois a legislação enumera, à luz do pressuposto de admissibilidade da adequação, qual o recurso especificamente cabível para cada ato judicial. E, de outro lado, pelo impeditivo da preclusão consumativa, não se pode interpor novo recurso quando já aviado o inconformismo anteriormente, sob pena de gerar insegurança jurídica e ofensa à estabilidade dos atos processuais.

A única exceção a este princípio da unirrecorribilidade, por advir de expressa previsão legal, sempre foi a interposição concomitante dos recurso especial (STJ) e recurso extraordinário (STF). Tal se justifica pela divisão de competências entre aquelas Cortes, de maneira que o acórdão que contenha dupla fundamentação - constitucional e infraconstitucional - deverá ser atacado pelos dois recursos - extraordinário e especial.

Agora, considerando a já aqui noticiada limitação de acesso ao STJ para hipóteses em que a decisão do Tribunal de origem está em sintonia com precedentes proferidos em sede de recurso especial repetitivo, tem-se mais uma exceção ao princípio da unirrecorribilidade.

O que acontece é que a Corte de origem, ao proceder ao juízo de admissibilidade do recurso especial, poderá, diante de um fundamento daquele, proferir decisão de inadmissão (por exemplo, incidência da Súmula 07, STJ - matéria fática); e, diante de outro fundamento recursal, poderá proferir decisão de negativa de seguimento (por exemplo, matéria pacificada por julgamento de recurso especial repetitivo).

Com efeito, é viável, neste contexto, a interposição do agravo interno (dirigido ao próprio Tribunal de origem), ao mesmo tempo em que é interposto o agravo nos autos a ser julgado pelo STJ. O primeiro recurso abordará a negativa de seguimento à parte do recurso especial, por conta de estar em desconformidade com entendimento da Corte, exarado no regime de recursos repetitivos (art. 1.030, I, "b" e §2º, CPC/15). Já o segundo recurso será contra a inadmissão do recurso especial, por este não preencher os pressupostos gerais e/ou específicos de admissibilidade (art. 1.030, V e §1º c/c art. 1.042, CPC/15).

8

OS EFEITOS DO RECURSO ESPECIAL. OBTENÇÃO DE EFEITO SUSPENSIVO E ANTECIPAÇÃO DA TUTELA RECURSAL

8.1 EFEITOS DO RECURSO ESPECIAL

8.1.1 Efeitos

O recurso especial só possui o **efeito devolutivo**, sendo que sua interposição não impede o cumprimento da decisão recorrida, ainda que na forma de execução provisória (art. 995, *caput*, NCPC).

Destaque-se, pela natureza dessa via recursal, que o recurso especial possui efeito devolutivo *vinculado*. Sim, a matéria devolvida ao tribunal, a rigor, é apenas aquela ao redor do direito federal infraconstitucional que se quer fazer prevalecer, até mesmo porque, como cediço, as questões fáticas não lhe são submetidas (Súmulas 05 e 07, STJ).

8.1.2 Efeito translativo

A jurisprudência do STJ sempre obstou a aplicação do **efeito translativo** no recurso especial (conhecimento de matéria não enfrentada pela decisão recorrida). Sim, ainda que de ordem pública, determinado tema jurídico não seria conhecido de ofício pelo STJ, sendo indispensável, ao ver da jurisprudência da Corte, o exame prévio pela instância de origem[43].

A meu ver, houve modificação em tal critério limitativo. A conclusão é extraída de comparação entre dispositivos do CPC/73 e do NCPC.

> Art. 267, §3º, CPC/73 - O juiz conhecerá de ofício, em qualquer tempo e grau de jurisdição, enquanto não proferida a sentença de mérito, da matéria constante dos nºs IV, V e VI; todavia, o réu que a não alegar, na primeira oportunidade em que lhe caiba falar nos autos, responderá pelas custas de retardamento.
>
> Art. 485, §3º, NCPC - O juiz conhecerá de ofício da matéria constante dos incisos IV, V, VI e IX, **em qualquer tempo e grau de jurisdição,** enquanto não ocorrer o trânsito em julgado.

Realmente, o Código de 1973, ao versar, casuisticamente, sobre as hipóteses de extinção do processo sem exame de mérito, de ofício pelo órgão julgador, asseverou ser tal proceder viável até "proferida a sentença de mérito". Tal expressão sempre foi entendida como sentença ou acórdão de mérito, mesmo porque este último substitui a primeira (art. 512, CPC/73 e art. 1.008, NCPC).

Acontece que o novo legislador, em vez de apenas generalizar com a expressão *decisão ou acórdão de mérito*, atendendo, assim, à correção pugnada pela doutrina, foi um pouco além. De fato, o legislador, agora, preferiu dizer que esse conhecimento de ofício pode se dar "enquanto não ocorrer o trânsito em julgado". Ora, à míngua de restrição específica nas disposições sobre os recursos extraordinários *lato sensu*, deve-se extrair daí o propósito de permitir, também na via desses recursos, o conhecimento *ex officio* de matérias não decididas pela instância de origem e até não veiculadas pelos insurgimentos (efeito translativo).

Cabe o acréscimo de que o legislador, em coesão com o raciocínio até aqui desenvolvido, estabeleceu no parágrafo único do art. 1.034 NCPC, que, "admitido o recurso extraordinário ou o recurso especial por um fundamento, devolve-se ao tribunal superior o conhecimento dos demais fundamentos para a solução do capítulo impugnado".

---

[43] Dentre inúmeros precedentes, pode-se citar o seguinte: "É firme a jurisprudência do Superior Tribunal de Justiça no sentido de que, mesmo as matérias de ordem pública devem observar o requisito do prequestionamento viabilizador da instância especial" (REsp 1366921/PR, Ministro RICARDO VILLAS BÔAS CUEVA, *DJe* 13/03/2015).

Repita-se o exemplo em que o STJ estaria por acolher ofensa a determinada norma de direito federal infraconstitucional, com base no entendimento que se aplica, num caso de indenização, a responsabilidade civil objetiva (sem necessidade da prova da culpa ou dolo). Porém, se o mesmo STJ verificar que, embora não examinada e até arguida a matéria até então, há o fenômeno da prescrição (matéria conhecível de ofício), deverá sim decretá-la, de ofício, e extinguir o processo por incidência de tal prejudicial de mérito. De igual forma, na linha de entendimento minoritário até então no STJ[44], poderá o STJ, agora confortado pela nova dicção legal, acolher a expressa invocação de prescrição (ou outra matéria de ordem pública), mesmo sem prévio exame sobre o tema no tribunal de origem.

É importante destacar que, mesmo sendo viável o conhecimento de ofício, deverá o STJ ouvir a parte contrária, considerando o efetivo contraditório (arts. 9, 10 e 933 NCPC).

8.1.3 Obtenção excepcional de efeito suspensivo

Poderá aquele que interpôs recurso especial pretender, **excepcionalmente**, obter **efeito suspensivo** ao seu recurso.

Os requisitos são aqueles do par. único do art. 995 NCPC: risco de dano grave, de difícil ou impossível reparação, e probabilidade de provimento do recurso.

O art. 1.029, §5º do novo código assim estabelece, já na redação da Lei 13.256/2016, com relação à competência:

44 Vale conferir dois precedentes do STJ: "É possível, porém, conhecer de questões de ordem pública não prequestionadas, se o recurso especial ensejar conhecimento por outros fundamentos, ante o efeito translativo dos recursos, que, mesmo de forma temperada, tem aplicação na instância especial" (REsp 701185/RS, rel. Ministro CASTRO MEIRA, *DJ* 03/10/2005).
"O fato de a questão da legitimidade passiva não ter sido alvo de prequestionamento não impede que esta Corte Superior trate do ponto. É que os recursos extraordinários (em sentido lato) também possuem o efeito translativo, ainda que de abrangência mais limitada, tendo em conta a necessidade de que o inconformismo seja conhecido ao menos por algum outro fundamento que não o que deixou de ser prequestionado" (AgRg no REsp 900449/RJ, Ministro MAURO CAMPBELL MARQUES, *DJe* 23/06/2009).

> O pedido de concessão de efeito suspensivo a recurso extraordinário ou a recurso especial poderá ser formulado por requerimento dirigido:
>
> I - ao tribunal superior respectivo, no período compreendido entre a publicação da decisão de admissão do recurso e sua distribuição, ficando o relator designado para seu exame prevento para julgá-lo;
>
> II - ao relator, se já distribuído o recurso;
>
> III - ao presidente ou ao vice-presidente do tribunal recorrido, no período compreendido entre a interposição do recurso e a publicação da decisão de admissão do recurso, assim como no caso de o recurso ter sido sobrestado, nos termos do art. 1.037.

Quanto à competência, releva anotar que o STJ, ainda na vigência do código revogado e das Súmulas 634 e 635 STF[45] (aplicadas pelo STJ, quanto ao recurso especial[46]), vinha relativizando o rigor sobre a regra de competência. Ou seja, se o acórdão recorrido contrariava pacificado posicionamento do STJ, abria-se a jurisdição daquela Corte para intervir, mesmo que o recurso especial ainda não tivesse se submetido ao juízo de admissibilidade do tribunal de origem.

Com efeito, vinha sendo dito que "em casos excepcionais, o Eg. STJ tem deferido efeito suspensivo a Recurso Especial ainda não interposto, com o escopo de evitar teratologias, ou, ainda, obstar os efeitos de decisão contrária à jurisprudência pacífica desta C. Corte Superior, em hipóteses em que demonstrado o perigo de dano irreparável ou de difícil reparação" (AgRg na Medida Cautelar 14.444-RJ, rel. Min. Luiz Fux, *DJ* 18.12.08. No mesmo sentido: "Excepcionalmente, sendo bom o direito de fundo e para

---

[45] Súmula 634 - "Não compete ao Supremo Tribunal Federal conceder medida cautelar para dar efeito suspensivo a recurso extraordinário que ainda não foi objeto de juízo de admissibilidade na origem."
Súmula 635 - "Cabe ao Presidente do Tribunal de origem decidir o pedido de medida cautelar em recurso extraordinário ainda pendente do seu juízo de admissibilidade."

[46] "Este Tribunal compartilha da orientação pacificada pelo Pretório Excelso, exigindo o exame de admissibilidade recursal pela Corte Estadual para conhecer de Medida Cautelar objetivando a concessão de efeito suspensivo a Recurso Especial interposto. A competência para análise de tal pedido cautelar no período entre a interposição do recurso e a prolação do juízo de admissibilidade é do Presidente do Tribunal *a quo* e não das Cortes Superiores. Incidência das Súmulas 634 e 635 do STF. Precedentes" (AgRg na Medida Cautelar 9.222-MG, rel. Ministro Jorge Scartezzini, *DJU* 28.02.05).

evitar dano irreparável, se a decisão é teratológica ou manifestamente ilegal, tem sido aceita a competência desta Corte para processar e julgar a cautelar, antes da admissibilidade do recurso especial" (Medida Cautelar 9.949-BA, relª. Minª. Eliana Calmon, *DJ* 28.10.05).

Este entendimento do STJ, que se justifica seja mantido na vigência do novo diploma processual (as súmulas que então se aplicavam estão em coesão com a atual disposição do art. 1.029, parágrafo 5º, NCPC), atenua as inconveniências de eventual inflexibilidade da disciplina sobre competência. Sem dúvida que, em diversas situações o STJ é mais apropriado para fazer valer sua própria jurisprudência, além de hierarquicamente encontrar-se em situação mais cômoda que a presidência ou vice-presidência do tribunal recorrido.

E, de fato, já na vigência do CPC/15 o STJ vem mantendo o entendimento de que, "à luz do que estabelece o art. 1.029, §5º, I, do Código de Processo Civil de 2015, com a redação dada pela Lei nº 13.256/2016, a competência desta Corte Superior para apreciar pedido de concessão de efeito suspensivo a recurso especial é inaugurada com a realização, na origem, do exame prévio de admissibilidade do referido recurso". A competência do STJ continua sendo para "situações excepcionais, nas quais configurada teratologia ou manifesta ilegalidade do acórdão recorrido, tem examinado pedido de tutela de urgência com vistas à concessão do efeito suspensivo a recurso especial pendente de submissão ao juízo prévio de admissibilidade" (AgInt na Pet 12.521/SP, Rel. Ministro RICARDO VILLAS BÔAS CUEVA, TERCEIRA TURMA, julgado em 01/04/2019, *DJe* 10/04/2019).

Admite-se, ainda, a inauguração da competência do STJ, quando, mesmo não avaliada a admissibilidade do recurso especial ainda pelo Tribunal de origem, já houve por este deliberação e negativa do pretendido efeito suspensivo. Com efeito, essa interpretação guarda lógica com o sistema legal, pois, se indeferido o pleito pela Corte de origem, remanesce, ainda mais se urgente a situação, a competência do STJ.

Neste sentido:

> AGRAVO INTERNO NO PEDIDO DE TUTELA PROVISÓRIA DE URGÊNCIA. RECURSO ESPECIAL EM AÇÃO RESCISÓRIA. CUMPRIMENTO DE SENTENÇA. ATRIBUIÇÃO DE EFEITO SUSPENSIVO A RECURSO AINDA PENDENTE DE JUÍZO DE ADMISSIBILIDADE NA ORIGEM.

> SITUAÇÃO EXCEPCIONAL. DECISÃO MONOCRÁTICA QUE DEFERIU O PEDIDO, DIANTE DA PRESENÇA DOS REQUISITOS (FUMUS BONI IURIS E PERICULUM IN MORA). INSURGÊNCIA DOS REQUERIDOS. RECURSO DESPROVIDO. 1. O inciso III do § 5º do art. 1.029 do CPC/2015 é expresso ao fixar a competência do Presidente do Tribunal de origem, ou de quem lhe faça as vezes, para apreciação de pedido de concessão de efeito suspensivo a recurso especial 'no período compreendido entre a interposição do recurso e a publicação da decisão de admissão do recurso'.
>
> 2. No caso, embora ainda não tenha sido realizado o juízo de admissibilidade do apelo especial, a Vice-Presidência do Tribunal estadual já analisou o pedido de atribuição de efeito suspensivo ao recurso especial, indeferindo-o, razão pela qual, a princípio, não há óbice a que o presente pedido de tutela provisória de urgência possa ser deduzido perante esta Corte Superior.
>
> 3. A atribuição de efeito suspensivo aos recursos extraordinários reveste-se de caráter excepcional, justificando-se apenas diante da presença de elementos que demonstrem a probabilidade do direito alegado e o perigo de dano ou risco ao resultado útil do processo (CPC/2015, arts. 300, 995 e 1.029, § 5º, I).
>
> (...). (AgInt no TP 1.740/RN, Rel. Ministro MARCO AURÉLIO BELLIZZE, TERCEIRA TURMA, julgado em 18/03/2019, *DJe* 22/03/2019)

Anote-se que, ante a extinção do processo cautelar pelo novo código, não poderá prevalecer a jurisprudência no sentido de que esse seria o meio para a obtenção do efeito suspensivo no STJ[47]. Agora, até mesmo pela generalidade do §5º do art. 1.029, NCPC, o requerimento poderá ser feito por mera petição, devidamente instruída (se os autos ainda não estiverem no tribunal), ou petição encaminhada aos próprios autos, incidentalmente.

[47] Dentre diversos precedentes, anote-se o seguinte: "Revela-se inviável o pleito de concessão de efeito suspensivo ao recurso especial, ante a inadequação da via eleita, pois, nos termos da jurisprudência desta Corte, tal pedido deve ser formulado de forma apartada, ou seja, mediante ação cautelar (artigo 288 do RISTJ), não se admitindo sua inserção nas razões do apelo extremo. Precedentes" (AgRg no AREsp 635230/RJ, rel. Ministro MARCO BUZZI, *DJe* 01/02/2016).

8.1.4 Obtenção excepcional da antecipação da tutela recursal

Também na seara do recurso especial, é possível, em tese, a obtenção da própria antecipação da tutela recursal, provisoriamente por decisão do relator no STJ.

Com efeito, a gravidade do dano apontado aliada à *quase certeza* que, ao final, será provido o recurso especial, justificariam a concessão da medida. O relator, em casos tais, pode não estar autorizado ainda por uma das hipóteses do art. 932, inc. V do NCPC a dar provimento monocraticamente ao recurso especial. Contudo, pela probabilidade de provimento ao recurso especial e pela gravidade do dano, pode antecipar aos seus pares e conceder a tutela recursal, que será ratificada ou não pelo colegiado[48].

É importante relembrar, como já fiz em outra ocasião[49], que a antecipação da tutela recursal é uma das hipóteses de concessão de tutela provisória, pela qual o relator, isoladamente, defere a pretensão contida

---

[48] O seguinte precedente, ainda na vigência do CPC/73, sintetiza os requisitos para a medida excepcional e sua aplicação à antecipação da tutela recursal: "No âmbito deste Superior Tribunal de Justiça, as medidas cautelares são cabíveis apenas para atribuir efeito suspensivo ou, eventualmente, para antecipar a tutela recursal em recursos de competência desta Corte, sendo certo que a medida excepcional somente é deferida se evidenciada a satisfação simultânea de dois requisitos, quais sejam, a verossimilhança das alegações - *fumus boni iuris*, consubstanciado na elevada probabilidade de êxito do recurso interposto - e o perigo de lesão grave e de difícil reparação ao direito da parte - *periculum in mora*" (AgRg na MC 21273 / DF, rel. Ministro GILSON DIPP, *DJe* 25/09/2013).

[49] Sustentei, no livro *Recursos e Procedimentos no novo CPC* (Belo Horizonte: D'Plácido, 2ª ed., p. 76/77):
"Embora o Código não diga expressamente de forma ampla, é cabível também a concessão de tutelas provisórias em fase recursal, inclusive a própria **antecipação da tutela recursal**.
Quanto às tutelas provisórias, previstas nos arts. 294 e segts. do novo Código, sabe-se que podem ser '*de urgência*' ou '*de evidência*'. A primeira - '*de urgência*' - exige a presença concomitante da probabilidade do direito e do perigo de dano (art. 300, NCPC). A segunda dispensa o perigo de dano (art. 311, NCPC).
Acontece que tais tutelas provisórias, como decorre do art. 299, NCPC, podem ser antecedentes ou incidentais. No caso de já haver recurso, como o processo estará tramitando, serão sempre incidentais e requeridas '*ao órgão jurisdicional competente para apreciar o mérito*' (art. 299, par. único, NCPC). A liminar postulada na tutela provisória será examinada pelo relator (art. 932, II, NCPC), devendo ser ratificada ou não pelo juízo natural que é o colegiado, quando do julgamento do recurso

no recurso. Evidente que, tal como sempre houve expressamente no caso do agravo de instrumento, o colegiado poderá confirmar ou não tal decisão provisória.

---

propriamente dito ou se interposto agravo interno contra a decisão monocrática (art. 1.021, NCPC).
Portanto, podem as partes postular tutelas provisórias - cautelares ou antecipadas - mesmo se já interposto recurso.
Assim que, por exemplo, numa ação reivindicatória, em fase recursal perante o tribunal, se houver necessidade de averbação de indisponibilidade do bem ou alguma ordem proibitiva àquele que o possui injustamente, o requerimento correlato (tutela cautelar) será dirigido ao tribunal.
Além disso, pode acontecer, por exemplo, de a parte precisar, antecipadamente, do próprio bem de vida (antecipação da tutela recursal). Ou seja, a parte não pode ou não quer aguardar o processamento e o tempo necessário ao julgamento do recurso.
Pois bem, da mesma forma como já acontece com o recurso de agravo de instrumento, inclusive na vigência do CPC/73, é viável a antecipação da própria tutela recursal por ato do relator.
Tem-se que atentar para duas situações distintas:
1) O relator pode dar provimento, monocraticamente, ao recurso, nas hipóteses previstas no art. 932 V NCPC.
2) O relator pode conceder, provisoriamente, a antecipação da tutela recursal, forte no permissivo do art. 932 II NCPC.
Na primeira hipótese, pela razão de a matéria jurídica estar pacificada e sedimentada em algum dos instrumentos voltados para tanto (súmulas, recursos especial e extraordinário repetitivos, incidente de resolução de demanda repetitiva e assunção de competência), poderá o relator, por delegação legal, decidir o próprio recurso isoladamente.
Na segunda hipótese, ainda não há pacificação da matéria jurídica e/ou há questões fáticas em discussão, mas pela probabilidade de ser acolhido o recurso e o perigo de dano (ou, mesmo na sua ausência, no caso de tutela de evidência), poderá o relator antecipar os efeitos do provimento. Pode-se exemplificar tal situação com aquela hipótese em que juiz nega alimentos ao autor na sentença, e ele interpõe apelação. Como o autor tem urgência pela própria natureza da verba, poderá requerer ao tribunal a concessão de tutela provisória antecipada, a fim de que lhe seja deferida, desde já, a pensão alimentícia.
Em conclusão, afirma-se que o recurso desprovido de efeito suspensivo pode obtê-lo em situações excepcionais. De igual forma, pode-se conceder tutela provisória às partes na seara recursal, inclusive a própria antecipação da pretensão do recurso".

9

O JULGAMENTO DE RECURSOS ESPECIAIS REPETITIVOS – LEI 11.672/08

Havia uma tendência legislativa, ainda na vigência do código revogado, pela adoção de métodos de julgamentos que resolvam, de maneira uniforme, questões que se apresentam repetidamente perante o Judiciário.

Assim ocorreu, por exemplo, com a figura da improcedência *prima facie* em processos repetitivos (**art. 285-A, CPC/73**), situação pela qual o legislador deu poderes ao próprio Juiz de 1ª instância para fazer prevalecer decisões anteriores proferidas em casos idênticos. A chamada súmula impeditiva de recursos (**art. 518, §1º, CPC/73**) objetivava, de sua vez, eliminar o acesso da apelação ao tribunal, nos casos em que a sentença está em conformidade com súmula do STJ ou do STF. Na mesma linha, a repercussão geral do recurso extraordinário (**art. 543-A, CPC/73**) e o instituto da súmula vinculante (**Lei 11.417/06**) já tratavam de uniformizar os julgamentos em matérias constitucionais.

Pois bem, no que toca ao recurso especial, a **Lei 11.672/08** já estabelecia um procedimento pelo qual seriam selecionados alguns recursos representativos de determinada controvérsia jurídica, a fim de que a solução adotada possa ser aplicada aos demais, que ficarão sobrestados aguardando a solução.

Com efeito, foi acrescido o **art. 543-C** ao Código de Processo Civil/73, segundo o qual:

a) O Presidente do Tribunal de origem admitiria um ou mais recursos representativos da controvérsia, encaminhando-os ao STJ, ficando os demais suspensos até o pronunciamento definitivo daquele tribunal (**§1º**).

b) O relator no STJ também poderia, caso a providência não tivesse sido tomada, e identificando a matéria controvertida, determinar a suspensão dos demais recursos pendentes nos tribunais de 2ª instância (**§2º**).

c) O relator no STJ poderia pedir informações aos tribunais de 2º grau; poderia admitir manifestação de pessoas, órgãos ou entidades com interesse na controvérsia; deveria ouvir o Ministério Público (**§§ 3º, 4º e 5º**).

d) Em seguida, o processo seria julgado por Seção ou pela Corte Especial do STJ, pacificando-se, assim, o entendimento sobre o tema repetido (**§6º**).

Uma vez decidida a questão jurídica pelo STJ e publicado o respectivo acórdão, duas situações poderiam ocorrer:

a) Estando o acórdão recorrido em sintonia com a orientação do STJ, o recurso especial sobrestado teria seguimento denegado (**§7º, inc. I**);

b) Estando o acórdão recorrido contrário à orientação do STJ, a matéria voltaria a exame pelo colegiado de 2ª instância, que poderia modificar o acórdão recorrido (**§7º, inc. II**).

Estas insistências do legislador não se mostravam suficientes, daí porque o novo código, além de reeditá-las (arts. 1036 a 1041, NCPC), implantou, de forma clara e com reflexos práticos e pontuais, o princípio da *estabilização da jurisprudência*[50].

---

[50] Em livro de minha autoria, *Recursos e Procedimentos nos Tribunais no novo CPC* (Belo Horizonte: D'Plácido, 2ª ed., p. 155/157), assim abordei o tema:
"Mas tais institutos não se revelavam suficientes, até porque careciam de alcance mais amplo e mecanismos de inescusável obrigatoriedade. Com efeito, já nas disposições gerais acerca dos processos nos tribunais, o legislador mostrou algumas linhas gerais

Pois bem, o novo código, além de literalizar procedimentos até então regimentais, trouxe novidades significativas em dois planos:

---

desse princípio da estabilização da jurisprudência. O *caput* do art. 926 inaugura esse trabalho com um alerta: '*Os tribunais devem uniformizar sua jurisprudência e mantê-la estável, íntegra e coerente*'.

Aliás, nos parágrafos que se seguem, o legislador ordenou aos tribunais que, na forma regimental, criem súmulas, que espelhem sua jurisprudência dominante.

Com relação ao alcance e obrigatoriedade dos enunciados sumulares e da jurisprudência dominante, embora ainda sem esmiuçar o procedimento, o art. 927 NCPC cuidou de esclarecer que os magistrados e os tribunais *"observarão"*:

- As decisões do STF em controle concentrado de constitucionalidade (*inc.* I), em sede sumula vinculante (*inc.* II) e de súmulas sobre matéria constitucional (*inc.* IV).
- As decisões do Superior Tribunal de Justiça no julgamento de recursos especiais repetitivos (*inc.* III) e em súmulas sobre matéria infraconstitucional (*inc.* IV).
- As orientações do plenário ou do órgão especial aos quais estiverem vinculados (*inc.* V), as quais se consubstanciarão, por exemplo, em súmulas oriundas de tais colegiados (art. 926, §1º) e decisões em sede de incidente de arguição de inconstitucionalidade (art. 949 *inc.* II).

Como se verificará mais adiante, há mecanismos de pacificação da jurisprudência que atrairão a incidência eficaz do instituto da ***reclamação*** (art. 988 NCPC). Por meio da reclamação, o prejudicado irá acionar, diretamente, o próprio órgão jurisdicional que pacificou o tema, para que este intervenha, inclusive em sede liminar (art. 989, *inc.* II), naquele feito em que está sendo desrespeitado o julgado paradigma. É o que pode ocorrer nas hipóteses de vulneração aos enunciados proferidos em controle concentrado de constitucionalidade, súmulas vinculantes, recursos especiais e extraordinários repetitivos, incidentes de resolução de demandas repetitivas e de assunção de competência (conferir incisos do art. 988 e seu §5º, *inc.* II).

Há, contudo, outros institutos também pacificadores que **não autorizam o manejo da *reclamação***, porém detêm eficácia por outro meio previsto no sistema processual. É o que se dá, por exemplo, na contrariedade ao entendimento sufragado apenas por súmula de tribunal de 2º grau, hipótese que impõe observação pelos magistrados (art. 927 *inc.* V), mas não permite a abrupta *reclamação*, por falta de previsão no art. 988. Tal situação de confronto ao enunciado sumular tem eficácia prática, porém, no tocante à viabilidade do relator decidir o recurso monocraticamente (art. 932, *incs.* IV e V), conceder efeito suspensivo a recurso que não o detenha, ou antecipar a tutela recursal (conferir, a propósito, os itens 2.7.4 e 2.7.5).

Acrescente-se, ainda, que o art. 489, §1º, *inc.* VI, NCPC impõe ao magistrado explicitar a razão pela qual está deixando de seguir '*súmula, jurisprudência ou precedente invocado pela parte*'. Ou seja, propõe o legislador que, ao menos, diga o magistrado, até para oportunizar a eficiente dialética, a motivação que justificou o seu distanciamento de jurisprudência invocada.

Atento à segurança jurídica e à estabilidade da jurisprudência, cuidou o legislador de estabelecer critérios para a eventual alteração de súmulas, e critérios advindos de jurisprudência dominante ou julgamentos de casos repetitivos. De forma redundante, impôs a fundamentação adequada e específica, além de permitir, agora expressamente,

a) Interferência do procedimento de julgamento de recurso especial repetitivo nas instâncias ordinárias;

b) Criação de procedimentos e recursos, quanto à tentativa da parte em desvencilhar-se de equivocadas padronizações advindas dos recursos especiais repetitivos.

Com efeito, quanto à primeira situação, tem-se que o novo código avançou, notadamente por dar concretude ao princípio da estabilização da jurisprudência.

Isso porque, na vigência do CPC/73, uma vez afetado determinado tema para ser solucionado em sede de recurso especial repetitivo, ficavam sobrestados até deliberação pelo STJ apenas os processos onde já interpostos tal tipo de recurso, ou seja, depois de proferidos julgamentos nas instâncias ordinárias.

Agora, quando afetado pelo STJ determinado recurso para julgamento como representativo de controvérsia, deverá o relator, na dicção do inc. II do art. 1.037, NCPC, determinar "a suspensão do processamento de todos os processos pendentes, individuais ou coletivos, que versem sobre a questão e tramitem no território nacional". Antes disso, se a proposição partir da presidência ou vice-presidência do tribunal recorrido, de igual forma, emitirá esse pretório de instância inferior a determinação de suspensão dos processos pendentes, em qualquer instância, e que tramitem em órgão vinculado à sua jurisdição (§1°, art. 1.036, NCPC).

Uma vez decidido o tema controvertido pelo STJ, além das implicações que já se davam nos tribunais como decorrência da pacificação jurisprudencial e agora reeditadas pelo novo código (art. 1.039 e 1.040, NCPC), ter-se-á, doravante, a aplicação da tese firmada também pelas instâncias ordinárias. Literalmente, dispõe o inc. III, do art. 1.040, NCPC que,

---

a '*modulação dos efeitos da alteração no interesse social e no da segurança jurídica*' (§3°, art. 927, NCPC).
De fato, a modulação atrai segurança jurídica, pois os magistrados decidirão, em conformidade com o novo entendimento, a partir do marco temporal fixado para a validade da alteração. E os cidadãos, considerando que a jurisprudência também é fonte do Direito e dita comportamentos, adaptar-se-ão, com certa dose de previsibilidade e segurança, aos novos referenciais jurisprudenciais.
Nada mais lógico, diante do que aqui já se falou, que os tribunais se vejam na obrigação de dar publicidade, em especial aos enunciados que objetivam pacificar, inclusive quando de suas alterações e respectivas modulações no tempo (art. 927, §5°, NCPC)".

"publicado o acórdão paradigma", "os processos suspensos em primeiro e segundo graus de jurisdição retomarão o curso para julgamento e aplicação da tese firmada pelo tribunal superior".

Ou seja, o novo código, privilegiando a uniformização jurisprudencial e a estabilização da jurisprudência, em boa hora, estendeu os efeitos da pacificação de temas pelo STJ, em sede de recurso especial repetitivo, a todas as instâncias.

A segunda situação alhures sinalizada é que estabelece uma diferenciação entre a pacificação feita por meio do recurso especial repetitivo e aquela operada pelos demais instrumentos similares, como é o caso da Assunção de Competência e do Instituto de Resolução de Demanda Repetitiva.

Com efeito, nestes últimos, a desobediência à tese pacificada autoriza o prejudicado a aforar, de imediato, a Reclamação, diretamente ao órgão pacificador, inclusive o STJ (art. 985, §1º e art. 988, IV, NCPC). A reclamação, que independe da interposição de recurso apropriado (art. 988, §6º, NCPC), comporta, para dar mais eficácia aos efeitos da pacificação do tema, decisão liminar (art. 989, II, NCPC).

Porém, a ressalva fica por conta do descabimento da reclamação, no caso de pacificação em sede de recurso especial repetitivo, contra decisão de 1ª instância que desobedeça o que foi pacificado pelo STJ. De igual forma, descaberá reclamação contra decisão monocrática de 2ª instância. É que, por força da Lei 13.256/16, optou-se por abrir ensanchas ao imediato ajuizamento da reclamação, <u>apenas após esgotados os recursos das instâncias ordinárias</u>.

O STF e o STJ vêm empreendendo interpretação demasiadamente rigorosa ao dispositivo em comento. É que aquelas Cortes só admitem a reclamação, caso já interpostos os próprios recursos extremos (especial e/ou extraordinário), e já negados pela Corte de origem (art. 1.040, I, CPC) e também já rejeitados os agravos internos (art. 1.030, §2º, CPC).

Com efeito:

> AGRAVO REGIMENTAL NA RECLAMAÇÃO. ADMINISTRATIVO. CONCURSO PÚBLICO. ANULAÇÃO DE QUESTÕES. PRETENSÃO DE OBSERVÂNCIA DE PRECEDENTE FIRMADO EM SEDE DE REPERCUSSÃO GERAL. RE 632.853 (TEMA 485). INADMISSIBILIDADE DA VIA ELEITA. AUSÊNCIA DE ESGOTAMENTO DAS

VIAS ORDINÁRIAS. UTILIZAÇÃO DA RECLAMAÇÃO COMO SUCEDÂNEO DE RECURSO OU OUTRAS AÇÕES CABÍVEIS. IMPOSSIBILIDADE. AGRAVO REGIMENTAL DESPROVIDO. 1. A reclamação, por expressa determinação constitucional, destina-se a preservar a competência desta Suprema Corte e garantir a autoridade de suas decisões, ex vi do artigo 102, I, l, da CF além de salvaguardar o estrito cumprimento dos enunciados da Súmula Vinculante, nos termos do artigo 103-A, § 3º, da Constituição, incluído pela EC n. 45/2004. Neste particular, a jurisprudência desta Suprema Corte estabeleceu diversas condicionantes para a utilização da via reclamatória, de sorte a evitar o uso promíscuo do referido instrumento processual. 2. A reclamação é impassível de ser manejada como sucedâneo de recurso ou ação rescisória, bem como é inadmissível a sua utilização em substituição a outras ações cabíveis. Incidência do princípio da não-reclamação contra o recorrível ou da irreclamabilidade contra a decisão de que ainda cabe recurso (PONTES DE MIRANDA, Francisco Cavalcanti. Comentários ao Código de Processo Civil. Tomo V, Arts. 444-475. Rio de Janeiro: Forense, 2ª Edição, p. 390 e 394). 3. O ajuizamento de reclamação contra decisão da qual cabe recurso contraria o sistema jurídico-processual e revela-se disfuncional, caracterizando hipótese de abuso do direito de ação. Necessidade das instâncias julgadoras superiores de prestigiarem o sistema jurisdicional estabelecido pelo Poder Constituinte, de modo a preservar a atuação dos demais órgãos do Poder Judiciário que, de igual forma, ostentam competências de envergadura constitucional. 4. O exaurimento da jurisdição ordinária antes do manejo da reclamação constitucional de competência do Supremo Tribunal Federal deve ser observado, sob pena de se estimular a propositura *per saltum* da via eleita. Precedentes: Rcl 25.596-AgR, Segunda Turma, Rel. Min. Dias Toffoli, DJe de 1/8/2017; e Rcl 18.020-AgR, Rel. Min. Rosa Weber, Primeira Turma, DJe de 18/4/2016. 5. *In casu*, não foram esgotadas as instâncias ordinárias. **A presente reclamação foi ajuizada na pendência do julgamento do agravo em recurso especial interposto pela reclamante na demanda originária, claramente suprimindo instâncias recursais estabelecidas pelo sistema normativo processual e subvertendo, dessa forma, a destinação constitucional do instituto da reclamação, que não deve, portanto, ser admitida na hipótese em tela. 6. O Supremo Tribunal Federal deixa claro que o prévio exaurimento das instâncias ordinárias apenas**

> **se concretiza após o julgamento do agravo interno interposto contra decisão da Corte de origem que nega seguimento a recurso extraordinário.** 7. Agravo regimental desprovido (Rcl 27843 AgR, Relator(a): Min. LUIZ FUX, Primeira Turma, julgado em 17/09/2018, PROCESSO ELETRÔNICO DJe-205 DIVULG 26-09-2018 PUBLIC 27-09-2018).[51]

Parece-me que tal interpretação, embora revele compreensível preocupação em desestimular o abuso no manejo da reclamação perante os tribunais superiores, não guarda coerência com ordenamento legal vigente e o espírito que moveu o legislador.

Ora, a reclamação foi concebida e sempre usada como mecanismo sim de encurtamento de caminho processual, haja vista a gravidade cometida pelo ato reclamado, o qual, de regra, está a contrariar precedentes e enunciados vinculativos. É por conta desta gravidade, que a lei admitiu,

---

51 No mesmo sentido, decisão Monocrática da Ministra ROSA WEBER na Rcl. 24.259/SP (*DJe* 22/6/2016):
"[...]
2. O cabimento da reclamação proposta para garantir a autoridade de decisão proferida sob a sistemática da repercussão geral está condicionado ao esgotamento da instância ordinária, consoante dispõe o inciso II do §5º do art. 988 do CPC/2015, o qual se concretiza após o julgamento de agravo interno contra o juízo de admissibilidade do recurso extraordinário pela Presidência da Corte de origem.
[...]
3. Prematura, portanto, a provocação do Supremo Tribunal Federal por meio da presente reclamação, proposta contra acórdão que julgou recurso de apelação. Com efeito, a jurisprudência desta Suprema Corte reputa inviável conferir à reclamação a natureza de sucedâneo recursal ou de meio ensejador do reexame do conteúdo do ato reclamado.
[...]
Esse entendimento, a meu sentir, evidencia a exegese que melhor compatibiliza a antiga e firme jurisprudência das Cortes Superiores com as disposições do vigente CPC/2015. Com efeito, ao se condicionar o cabimento da reclamação ao efetivo encerramento do iter relativo ao processamento dos recursos de natureza extraordinária nas Cortes de origem, evitar-se-á o indiscriminado uso da reclamação como imediato sucedâneo recursal, inibindo-se o emprego de prematuros atalhos processuais (como se sabe, a reclamação, ao contrário dos recursos de natureza extraordinária, é ajuizada diretamente perante os Tribunais Superiores e, portanto, não se submete ao juízo de admissibilidade na origem), assegurando-se, com isso, que a Excelsa Corte e o Superior Tribunal de Justiça confiram aplicação concreta às teses firmadas em recursos extraordinários e especiais repetitivos apenas em situações excepcionalíssimas.
STJ – no mesmo sentido: Decisão monocrática em RECLAMAÇÃO Nº 32.171 – PR (2016/0198738-2) RELATOR: MINISTRO SÉRGIO KUKINA."

desde sempre, o encurtamento do caminho processual, a exemplo do que já previa a lei reguladora da súmula vinculante.

Demais disso, ao contrário do que sustentam os tribunais superiores, o próprio CPC deixou patente ser desnecessária a prévia interposição, conhecimento e julgamento de recursos cabíveis, como condição ao manejo da reclamação. Sim, o §6º do art. 988 estabelece que se inadmitido o recurso não estará prejudica a reclamação aforada contra o mesmo ato, o que significa dizer, em outras palavras, ser totalmente irrelevante a sua interposição.

Tal restrição está contida na redação do inciso II do §5º do art. 988, NCPC, o qual diz ser **inadmissível** a reclamação "proposta para garantir a observância de acórdão de recurso extraordinário com repercussão geral reconhecida ou de acórdão proferido em julgamento de recurso extraordinário ou especial repetitivos, quando não esgotadas as instâncias ordinárias".

De outro lado, tem-se que, com o propósito de evitar a subida de recursos aos Tribunais Superiores que veiculem teses já enfrentadas pelos mesmos, o legislador cuidou de regrar o tema. Assim é que a decisão da presidência ou vice-presidência que sobrestar o recurso especial ou negar-lhe seguimento, por versar sobre controvérsia de caráter repetitivo, caberá apenas agravo interno ao próprio tribunal de origem (§1º, art. 1.030, NCPC). Em outras palavras, tais decisões de padronização não se submetem ao reexame do STJ.

Registre-se que, se o recurso sobrestado estiver contaminado pela intempestividade, poderá a parte contrária requerer ao presidente ou vice do tribunal recorrido que o exclua do sobrestamento (art. 1.035, §6º, NCPC). Se indeferida esta pretensa exclusão, caberá agravo interno, na forma do §7º do art. 1.035, NCPC, ao próprio tribunal de origem. Se deferida a pretensão e, portanto, excluído o sobrestamento, o presidente ou vice-presidente estará, como natural consequência, inadmitindo o recurso especial por não preencher pressuposto de admissibilidade da tempestividade, o que comportará agravo ao STJ (arts. 1.030, §1º e 1.042 NCPC).

O apontamento de distinção, para efeito de levantamento da suspensão, entre a questão a ser decidida no processo e aquela que será julgada em sede de recurso especial repetitivo pode se dar em 1ª instância ou em fase recursal. Na primeira hipótese, após o exercício do contraditório entre as partes, o juiz decidirá, sendo que de sua decisão caberá agravo de instrumento (§13, inc. I do art. 1.037, NCPC). Se o processo estiver no tribunal, inclusive com recurso especial já interposto, a deliberação sobre o apontamento de distinção será do relator (incs. II a IV, art. 1.037, §10), sendo que de sua decisão caberá agravo interno (§13, inc. II, do art. 1.037, NCPC).

Se o sobrestamento for imposto ou mantido pelo colegiado do tribunal, a parte poderá insistir na existência da distinção por meio de embargos declaratórios, uma vez presente uma das hipóteses autorizativas do referido recurso, ou por reclamação ao STJ, caso o relator naquela Corte já tenha proferido decisão inaugural de afetação (art. 1.037, NCPC). Enquanto o STJ não tiver implementado a afetação, não caberá ainda a reclamação, pela razão lógica que inexistirá desobediência a qualquer pronunciamento da Corte. Lembre-se que a reclamação objetiva, exatamente, resgatar a autoridade de decisão do tribunal.

Quanto a esta intervenção excepcional do STJ, diante de derradeiro e irrecorrível equívoco de padronização feito no tribunal de origem, penso que continua válida a jurisprudência vigente à época ainda do código de processo revogado.

Com efeito, acerca da insuportabilidade de equivocado sobrestamento, o STJ apresentou o seguinte questionamento: "(...) Sob tal premissa, indaga-se se a parte, que teve um recurso especial indevidamente suspenso pelo Tribunal de origem, na hipótese exclusiva de a matéria versada em seu recurso especial não condizer com a questão posta no recurso representativo da controvérsia, também deveria se submeter a este controle diferido". Em seguida, na mesma ementa de acórdão, vem a resposta no sentido de que, "caso efetivamente demonstrado pela parte o equívoco da suspensão do trâmite de seu recurso especial, na hipótese acima aventada, não seria razoável que aquela fosse submetida ao mesmo procedimento dos recursos repetitivos" (MC 17226/RJ, Ministro MASSAMI UYEDA, *DJe* 17.11.2010).

A forma pela qual a parte levará o seu insurgimento, a rigor, deverá ser por meio da reclamação, pois a aplicação equivocada do que decidido em sede de afetação ofende a autoridade da decisão do STJ e atrai a incidência do permissivo constante no art. 988, II, NCPC.

A propósito, vale lembrar que a insistente aplicação de suspensão, com incidência inadequada de ordem do STJ relativa à afetação (padronização errada feita na instância *a quo*), consiste, em última análise, em desrespeito à "autoridade das decisões do Tribunal" (art. 988, II, CPC/15), situação apta a ensejar o aforamento da reclamação, depois de esgotadas as vias processuais ordinárias (art. 1.037, §§ 8º ao 13, CPC/15). Se o STJ determina, por exemplo, que fiquem suspensos determinados processos que versam sobre fraude à execução, mas a instância *a quo* suspende – e mantém a suspensão, mesmo depois dos insurgimentos ordinários – feito relacionado à fraude contra credores, instituto este distinto daquele primeiro, tem-se ampliação incorreta da ordem do tribunal superior e, consequentemente, ofensa à autoridade de decisão daquela Corte.

Outra situação que pode acontecer está na NÃO suspensão do processo pelas instâncias inferiores, a despeito de o STJ ter determinado o contrário, quando da deliberação que reconheceu a controvérsia e providenciou a afetação (art. 1.037, CPC/15).

Se o processo corre em 1ª instância, sendo que houve afetação com ordem de suspensão pelo STJ dos feitos que versam sobre o tema a ele submetido, deve o magistrado cumprir tal determinação, aplicando-a ao caso concreto. Porém, se assim não fizer, poderá a parte, por simples petição, requerer a suspensão, a qual, por estar intimamente ligada à conexão entre feitos distintos, pode e deve ser examinada pelo juízo até de ofício (art. 337, VIII e §5º, CPC/15).

Diante da recusa do magistrado em impor a suspensão, parece-me cabível o recurso de agravo de instrumento, se o ato judicial for proferido em 1ª instância, a teor do art. 1.037, §13, inc. I, CPC/15. É verdade que a previsão de cabimento deste agravo está relacionada ao requerimento, não para impor a suspensão, mas para, ao contrário, destrancar o processo indevidamente sobrestado (o requerimento neste sentido está previsto no §9º do citado art. 1.037, CPC/15). Ocorre que, ainda mais com o pronunciamento do STJ no sentido de que incide o sistema de *taxatividade mitigada* com relação à lista de decisões que comportam agravo de instrumento (tese firmada no tema 988[52]), pode-se admitir tal recurso contra a decisão que nega a suspensão.

---

[52] O rol do art. 1.015 do CPC é de taxatividade mitigada, por isso admite a interposição de agravo de instrumento quando verificada a urgência decorrente da inutilidade do julgamento da questão no recurso de apelação.

Se a negativa dá-se por decisão monocrática de relator em Tribunais, caberá agravo interno, não só pela aplicação analógica do inc. II do §13 do art. 1.037, CPC, mas pela incidência mesmo do art. 1.021 do mesmo código de 2015 (cabimento contra qualquer decisão monocrática).

Caso, a despeito de todas estas tentativas *ordinárias*, for recusada a suspensão, o caminho natural seria a *reclamação* diretamente no STJ, pois, ao meu sentir, haveria descumprimento de decisão do tribunal (art. 988, II, CPC/15). Porém, o entendimento do STJ, valendo-se de precedentes do STF, é no sentido de que se trata de remédio excepcional e que não seria viável encurtar-se o caminho por meio da reclamação. Neste sentido, colhe-se de excerto da ementa de acórdão da Corte o raciocínio de que "para o caso de repetitivos ainda não julgados e com ordem de sobrestamento dos demais feitos que versem sobre a mesma questão, o novo Código de Processo Civil prevê expressamente apenas requerimentos e recursos com o objetivo de caracterizar a distinção *(distinguishing)* para afastar o sobrestamento (ver art. 1.030, §2º; art. 1.035, §§6º e 7º; art. 1.036, §§2º e 3º; art. 1.037, §§ 9º a 13, do CPC/2015). Não há previsão específica para os casos onde a parte deseja justamente a equiparação ao repetitivo com o objetivo de aplicar o sobrestamento e paralisar o feito" (Rcl 32.391/SP, Rel. Ministro MAURO CAMPBELL MARQUES, PRIMEIRA SEÇÃO, julgado em 13/12/2017, DJe 18/12/2017). Em outras palavras, nestas situações o interessado, quando o feito chegar à fase de recursos ao STJ, deverá, aí sim, invocar tal situação (sobrestamento), para a análise daquela Corte, sendo vedado o encurtamento do caminho pela via da reclamação.

10

PARTE PRÁTICA: MODELOS DE RECURSOS E DEMAIS PEÇAS ESTUDADAS

10.1 RECURSO ESPECIAL COM INVOCAÇÃO DE NULIDADE DE ACÓRDÃO DOS EMBARGOS DECLARATÓRIOS E COM INVOCAÇÃO DE DIVERGÊNCIA JURISPRUDENCIAL

EXMO. SR. DES. 3º VICE-PRESIDENTE DO EGRÉGIO TRIBUNAL DE JUSTIÇA DE MINAS GERAIS

Processo nº

Comarca –

16ª Câmara Cível - URG

XXXXXX, já qualificada no presente processo, em que contende com XXXXXX, vem, respeitosamente, perante V. Exa., por seus procuradores *in fine* assinados, irresignada com os v. acórdãos *retro*, aviar o **apropriado**, **tempestivo** e **preparado** RECURSO ESPECIAL, o que faz com fulcro nos **artigos 1.029 do Código de Processo Civil de 2015 e 105, III, "a" e "c" da Constituição Federal**, bem como nas razões anexas.

Requer, outrossim, seja admitido o recurso, e, posteriormente, remetido ao excelso **Superior Tribunal de Justiça**, onde, por certo, haverá de receber o merecido provimento, para os fins declinados no arrazoado produzido.

EXMO. SR. DES. 3º VICE-PRESIDENTE DO EG. TRIBUNAL DE JUSTIÇA DE MINAS GERAIS.

EXCELSO SUPERIOR TRIBUNAL DE JUSTIÇA

1. A ESPÉCIE, A PRETENSÃO RECURSAL E A TEMPESTIVIDADE

Trata-se de ação de obrigação de fazer c/c indenização por danos materiais proposta por XXXXXX, substituída por seu Espólio no curso do processo, em face da apelante, XXXXXXX, requerendo fosse custeado seu tratamento no Hospital Sírio Libanês ou autorização para transferência a outro hospital conveniado, bem como o reembolso dos valores já quitados junto ao referido hospital.

A sentença de fls. 432/438 julgou parcialmente procedente o pedido, tornando definitiva a liminar concedida às fls. 71/73, "*para condenar a requerida ao pagamento das despesas decorrentes da internação e tratamento da paciente XXXXXXX, em Unidade de Tratamento Intensivo, pendentes de quitação perante o Hospital Sírio Libanês*" e determinou o reembolso das despesas comprovadas adiantadas pela paciente, no valor de R$40.000,00.

A ora recorrente interpôs recurso de apelação (fls. 443/466), defendendo, principalmente, que a autora optou livremente por contratar seguro de saúde com cobertura regional; que o Hospital Sírio Libanês não está incluído na área de cobertura; que a autora realizou tratamento eletivo fora da área de cobertura e da rede credenciada; que a autora não se encontrava em situação de urgência, pois viajou por cerca de 430 km e deu entrada no referido nosocômio três dias após sair do Hospital do Câncer de Barretos; e que eventual custeio ou reembolso do tratamento realizado em hospital não conveniado deve seguir a tabela de preços da seguradora.

Todavia, o Eg. **TJMG**, ao enfrentar a questão, decidiu por manter integralmente a sentença, por meio de acórdão assim ementado (fls. 584/588-v):

> ***EMENTA: APELAÇÃO CÍVEL - PLANO DE SAÚDE - PROCEDIMENTO DE URGÊNCIA - NECESSIDADE DE ATENDIMENTO FORA DA ÁREA GEOGRÁFICA DE COBERTURA - REEMBOLSO DAS DESPESAS - NECESSIDADE - MANUTENÇÃO DA SENTENÇA - APELAÇÃO ADESIVA - DESERÇÃO.***
>
> ***- Muito embora seja lícita a cláusula contratual que limita o atendimento do paciente a determinada área geográfica, a urgência do quadro de saúde do apelante autoriza o procedimento em Hospital fora da área de abrangência geográfica prevista no contrato firmado entre as partes. Há necessidade do reembolso das despesas da parte autora quando há quadro grave, previsão contratual e risco de morte.***
>
> ***- Não tendo a Apelante adesiva recolhido o devido preparo recursal, tampouco requerido a concessão dos benefícios da assistência judiciária gratuita no corpo do recurso, forçoso é o reconhecimento da deserção do recurso.***

Diante da existência de notórias **OMISSÕES** acerca das características de tratamento eletivo/programado do caso, da cessação do estado de emergência com a alta hospitalar da autora do Hospital Sírio Libanês e do valor do tratamento/reembolso, e de **CONTRADIÇÃO** sobre um dos requisitos essenciais para o custeio de tratamento em hospital não conveniado, a saber, a impossibilidade instrumental e profissional de se efetuá-lo em hospital autorizado pelo plano de saúde, fez-se necessária a interposição de Embargos Declaratórios (fls. 591/602).

Ocorre que, mesmo diante da demonstração cristalina dos referidos vícios, por meio da via processual idônea, acabou a d. Turma por rejeitar o recurso (fls. 606/607-v), contudo, **SEM PRESTAR OS DEVIDOS ESCLARECIMENTOS A RESPEITO DAS OMISSÕES E DO ERRO MATERIAL.**

É nesse contexto que se interpõe o presente Recurso Especial, arguindo, num primeiro giro, a nulidade do acórdão que julgou o recurso aclaratório **(violação aos arts. 141, 489, II e §1º, II e IV, e 1022, I e II, do CPC/15)**, por ter o Eg. **TJMG** recusando-se, em duas oportunidades, a enfrentar tese substancial erigida pela ora recorrente, ofertando ao caso prestação jurisdicional notoriamente incompleta.

No que tange o mérito, será demonstrada a ocorrência de ofensa ao **art. 373, I, do CPC/15 (correspondente ao art. 333, I, do CPC/73) e ao art. 12, VI, da Lei nº 9.656/98**, tendo em vista a regra probatória vigente no ordenamento processual, a necessidade de estar comprovada a impossibilidade de atendimento pela rede credenciada e a necessária limitação do valor do reembolso à tabela de preços do plano de saúde.

Na oportunidade, esclarece-se que **o presente recurso é tempestivo**, visto que a publicação do acórdão que julgou os aclaratórios deu-se no dia 10/10/2016 (segunda-feira), o que estabeleceu os dias **11/10/2016 (terça-feira)** e **03/11/2016 (quinta-feira)**, respectivamente, como termo *a quo* e *ad quem* para a interposição desse Recurso Especial, nos termos do que dispõe o **art. 1003, §5º, c/c art. 219 do CPC/15**, considerando-se os feriados nacionais em 12/10/2016 e 02/11/2016, e o feriado forense em 28/10/2016, conforme Portaria Conjunta nº 0572/PR/20126 do TJMG[53] (em anexo).

Ressalta-se, ainda, **QUE O PRESENTE RECURSO ENCONTRA-SE DEVIDAMENTE PREPARADO**, exibindo-se, em anexo, as guias de recolhimento das custas judiciais referentes à tramitação do presente recurso, tanto no Tribunal *a quo* (guia nº 0000.16.00945737-1) quanto no Tribunal *ad quem* (guia nº 2552740000898972), acompanhadas dos respectivos comprovantes de pagamento.

2. DA PRESTAÇÃO JURISDICIONAL INCOMPLETA - OFENSA AOS ARTS. 141, 489, II e §1º, II e IV, E 1022, I E II, DO CPC/15 - NULIDADE DO ACÓRDÃO QUE JULGOU OS DECLARATÓRIOS

Antes de adentrar-se o mérito do feito, cumpre demonstrar que o Eg. **TJMG** ofertou, à presente lide, uma prestação jurisdicional deficiente, **omitindo-se** acerca das características de tratamento eletivo/programado do caso, da cessação do estado de urgência com a alta hospitalar da autora do Hospital

---

[53] TJMG. Disponível em: http://www8.tjmg.jus.br/institucional/at/pdf/pc05722016.pdf. Acesso em 03 nov. 2016.

Sírio Libanês e do valor do tratamento/reembolso, bem como incorrendo em contradição sobre a impossibilidade instrumental e profissional de ser efetuado o procedimento médico em hospital autorizado pelo plano de saúde como requisito para o custeio do procedimento em hospital não conveniado.

Tais temas, insuficientemente enfrentados pelo Tribunal *a quo*, **possuem o condão de, por si só, justificar a modificação completa do resultado da demanda**, motivo pelo qual faz-se necessário, agora, explicitar individualmente os referidos vícios perpetrados pelo acórdão recorrido.

Primeiramente, o v. acórdão de fls. 584/588-v incorreu em clara **contradição** sobre um dos requisitos essenciais para o custeio de tratamento em hospital não conveniado, a saber, a impossibilidade instrumental e profissional de se efetuá-lo em hospital autorizado pelo plano de saúde.

Em seu voto, o Il. 2º Vogal considerou como **REQUISITO ESSENCIAL para a imposição do custeio integral do tratamento estar COMPROVADA A IMPOSSIBILIDADE INSTRUMENTAL E PROFISSIONAL de realização do procedimento médico em hospital conveniado.**

Todavia, em clara **contradição**, o v. acórdão **apenas** indicou provas acerca da alegada urgência. Quanto à impossibilidade instrumental e profissional de realização do tratamento, **não apontou qualquer prova, admitindo que tal requisito fosse suprido por mera suposição**, sendo certo que um dos requisitos considerados como essenciais pela d. Turma para o reembolso das despesas não foi preenchido.

Ressalta-se que o c. **STJ** já reconheceu a **necessidade de estar configurada, no caso concreto, a impossibilidade de atendimento pela rede conveniada**:

> "***Excepcionalmente, nos casos de urgência e emergência, em que não se afigurar possível a utilização dos serviços médicos, próprios, credenciados ou conveniados, a empresa de plano de saúde, mediante reembolso, responsabiliza-se pelos custos e despesas médicas expendidos pelo contratante em tais condições, limitada, no mínimo, aos preços de serviços médicos e hospitalares praticados pelo respectivo produto.***"
>
> (REsp 1286133/MG, Rel. Ministro MARCO AURÉLIO BELLIZZE, TERCEIRA TURMA, julgado em 05/04/2016, DJe 11/04/2016)

Além disso, o v. acórdão **omitiu-se** em relação às características de tratamento eletivo/programado.

A recorrente demonstrou exaustivamente em seu recurso de apelação, às fls. 443/466 (e também em seus embargos declaratórios e nas demais manifestações no curso do processo), que o presente caso versa sobre **TRATAMENTO ELETIVO**, considerando-se que **a recorrida dirigiu-se voluntariamente ao Hospital Sírio Libanês, tendo viajado por cerca de 430 km até a cidade de São Paulo e somente deu entrada no referido nosocômio três dias após sair do Hospital do Câncer de Barretos**:

> *"A opção pelo tratamento no Hospital Sírio Libanês partiu unicamente por vontade da Apelada e de sua família, tendo em vista que o relatório médico do Hospital de Barretos/SP indicava apenas AVALIAÇÃO do Hospital Sírio Libanês, ademais o procedimento não foi realizado imediatamente, assim, não há motivos para que o plano de saúde custeie o tratamento fora da área de cobertura contratada e em hospital não integrante da rede credenciada da UNIMED UBERABA.*
>
> *Ao optar pela realização dos procedimentos em local diverso do abrangido no pacto e em hospital que não faz parte da rede credenciada da UNIMED, a Apelada assumiu o risco de suportar os gastos. (...)*
>
> *Deve-se também confrontar o frágil entendimento da sentença de que o Hospital Sírio Libanês é o mais próximo de onde a paciente realizava o tratamento (Barretos), pois a distância é de aproximadamente 430 km e Barretos até Uberaba é de 140 km."*
>
> *"É tão flagrante que o procedimento realizado teve caráter ELETIVO/PROGRAMADO, que o relatório médico de fls. 95/96 atesta que a Apelada teve ALTA HOSPITALAR por 10 (dez) dias e depois voltou a ser internada no mesmo hospital.*
>
> *A própria apelada, na petição inicial, bem como a decisão liminar de fls. 71/73 aduzem para o tratamento ser realizado no Hospital Sírio Libanês ou haver a transferência da paciente para a rede credenciada da UNIMED, desde que tal transferência não cause risco de morte à cliente.*
>
> *Se a Apelada teve ALTA HOSPITALAR e voltou para o hospital após 10 (dez) dias, é óbvio que tinha total condições de saúde para ser transferida ou realizar o tratamento em um dos hospitais ofertados pela Apelante em juízo e que integram a rede credenciada da UNIMED."*

A despeito disso, a d. Turma **NÃO ENFRENTOU TAL ARGUMENTO**, que seria capaz de alterar o resultado do julgamento, **NEM INDICOU AS QUESTÕES DE FATO E DE DIREITO** que levaram os nobres julgadores a reconhecerem que a autora estaria em estado de urgência.

E mais: o v. acórdão emprega **CONCEITO JURÍDICO INDETERMINADO, sem explicar o motivo concreto de sua incidência no caso, violando o art. 489, §1º, II, do CPC/15:**

> *"No caso em questão, o quadro clínico do autor revestia-se de* ***gravidade****, admitindo-se o reembolso das despesas médicas, conforme pleiteado na inicial."* (fl. 586)

Nota-se que a d. Turma afirmou que o quadro da autora revestia-se de **GRAVIDADE**, que permitiria o reembolso das despesas médicas. **Contudo, a situação que autoriza o reembolso é o ESTADO DE URGÊNCIA, conforme jurisprudência pacificada do c. STJ:**

> ***"Consoante a jurisprudência desta Corte, em casos excepcionais, como nas hipóteses de urgência ou emergência no atendimento e ausência de hospital conveniado para receber o paciente, é possível o ressarcimento das despesas efetuadas pelo beneficiário de plano de saúde em rede não conveniada."***
>
> (AgRg no AREsp 517.888/SP, Rel. Ministro ANTONIO CARLOS FERREIRA, QUARTA TURMA, julgado em 18/12/2014, DJe 02/02/2015)

Ora, não se nega que a autora era portadora de doença grave, como pontuado no v. acórdão. Todavia, **TAL FATO NÃO SE CONFUNDE COM O ESTADO DE URGÊNCIA NECESSÁRIO À REALIZAÇÃO DE TRATAMENTO FORA DA ÁREA DE COBERTURA DO PLANO DE SAÚDE, SOBRETUDO EM HOSPITAL NÃO CONVENIADO. Decerto, os conceitos de doença grave e estado de urgência são distintos e não podem ser aplicados indiscriminadamente, como se fossem sinônimos.**

No entanto, a d. Turma **não se manifestou a esse respeito**.

O v. acórdão ainda se **omitiu** quanto à cessação do estado de emergência com a alta hospitalar da autora do Hospital Sírio Libanês.

Como apontado nos embargos declaratórios, *"é incontroverso que* ***a autora teve alta hospitalar em 18/04/2014*** *(fl. 95), e, ainda assim, retornou ao Hospital Sírio Libanês em 28/04/2014,* ***mesmo tendo à sua disposição***

outras instituições conveniadas apontadas pela Unimed". Não obstante, **a decisão liminar confirmada pela sentença autorizou a realização do tratamento naquele Hospital ATÉ a alta hospitalar**.

Assim, é certo que eventual obrigação de custeio está limitada ao momento em que a autora teve alta hospitalar. No entanto, a d. Turma **não se manifestou acerca da limitação de custeio imposta pela legislação e pela própria decisão liminar**, visto que o reembolso só pode ser realizado enquanto perdurar a situação de emergência.

Nesse sentido, é o entendimento do c. **STJ**:

> ***O tratamento médico percebido pelos demandantes no Hospital de alto custo, com renomada e especializada equipe médica, APÓS A ALTA HOSPITALAR E, PORTANTO, QUANDO NÃO MAIS PRESENTE A SITUAÇÃO DE EMERGÊNCIA OU DE URGÊNCIA DO ATENDIMENTO/TRATAMENTO, ainda que indiscutivelmente importante e necessário a sua recuperação, não se encontrava, nos termos legitimamente ajustados, coberto pelo plano de assistência à saúde em comento. Improcede, por conseguinte, a pretensão de ressarcimento da totalidade das despesas expendidas.***
>
> (REsp 1286133/MG, Rel. Ministro MARCO AURÉLIO BELLIZZE, TERCEIRA TURMA, julgado em 05/04/2016, DJe 11/04/2016)

Omisso, pois, o v. acórdão, que não abordou o fato de que a autora teve alta hospitalar, contrariando, inclusive, a liminar concedida pelo il. juízo *a quo*.

A terceira **omissão** refere-se ao valor do tratamento/reembolso, uma vez que o v. acórdão não apontou quais despesas devem ser suportadas pela apelante.

Ademais, o contrato firmado entre as partes estabelece que o reembolso, nos casos de urgência, será efetuado de acordo com a tabela de referência da seguradora, em conformidade com o disposto no **art. 12, VI, da Lei nº 9.656/98** e com a jurisprudência do c. **STJ**:

> "***Excepcionalmente, nos casos de urgência e emergência, em que não se afigurar possível a utilização dos serviços médicos, próprios, credenciados ou conveniados, a empresa de plano de saúde, mediante reembolso, responsabiliza-se pelos custos e despesas médicas expendidos pelo contratante em tais***

> ***condições, limitada, no mínimo, aos preços de serviços médicos e hospitalares praticados pelo respectivo produto.***"
>
> (REsp 1286133/MG, Rel. Ministro MARCO AURÉLIO BELLIZZE, TERCEIRA TURMA, julgado em 05/04/2016, DJe 11/04/2016)

Apesar disso, novamente a d. Turma Julgadora **omitiu-se** em relação a questão de grande relevância para a lide.

Assim, para a surpresa da ora recorrente, os Embargos Declaratórios, como já mencionado, **foram rejeitados, mesmo diante da demonstração cristalina das referidas omissões e da contradição**, perpetuando-se a prestação jurisdicional deficiente dada ao presente feito.

Tal fato, evidentemente, **nega vigência aos arts. 141 e 489, II e §1º, II e IV, do CPC/15**, os quais determinam que as decisões judiciais devem respeitar os limites da lide e serem fundamentadas, **e também ao art. 1022, I e II, CPC/15**, que é a norma de regência do recurso aclaratório.

Vale dizer que é indispensável que o Eg. TJMG proceda a uma nova apreciação do caso em apreço para, em sua soberania, definir a matéria fática pendente de análise, sobretudo em relação às características de tratamento eletivo, à ausência de urgência ou sua cessação com a alta hospitalar e à ausência de prova da impossibilidade instrumental e profissional de prestação do serviço pela Unimed.

É flagrante, portanto, a nulidade do acórdão que rejeitou os aclaratórios **SEM PRESTAR OS DEVIDOS ESCLARECIMENTOS**.

E, sem pudor de se incorrer em repetição, as matérias com relação às quais se omitiu o Tribunal *a quo*, bem como incorreu em contradição, são extremamente relevante para o deslinde do feito e não poderiam ter passado em brancas nuvens pelo crivo do **TJMG**, eis que:

- Se sanadas as omissões e a contradição, a d. Turma reconheceria a presença das características de tratamento eletivo, bem como a ausência de urgência ou sua cessação com a alta hospitalar, a não comprovação pela autora da impossibilidade instrumental e profissional de ser efetuado o procedimento médico em hospital conveniado e a necessária limitação do reembolso aos preços praticados pelo plano de saúde;

- E, atingindo-se tal conclusão, **é mero consectário lógico a reforma da sentença para julgar improcedente a ação, visto que a autora não preenche os requisitos necessários ao reembolso ou, eventualmente, sua limitação temporal ao momento em que a autora teve alta hospitalar e a limitação do valor do reembolso aos preços praticados pela seguradora**.

Nesses termos, diante da importância da matéria não enfrentada pela d. Turma, tanto ao julgar o Recurso Apelatório quanto ao enfrentar os Embargos de Declaração, cabe ao c. **STJ** tomar uma entre duas medidas possíveis e justas:

1) Reconhecer e **declarar a nulidade do acórdão que julgou o recurso de Embargos Declaratórios**, ordenando que outro acórdão seja proferido pelo Eg. **TJMG,** abarcando os pontos omissos e contraditório;

2) Enfrentar diretamente a questão, **tomando como prequestionado o referido ponto (art. 1025 CPC/15) e ingressando no mérito do presente Especial**, medida que certamente conduzirá à reforma do julgado ora recorrido.

O que não se pode permitir é que tais matérias, cujo enfrentamento é imprescindível para o correto deslinde do feito, não sejam objeto de apreciação pelo Poder Judiciário, de modo que o trânsito do Recurso Especial ora defendido é medida salutar para a garantia da completa prestação jurisdicional.

Até mesmo porque impera no Tribunal *ad quem* o entendimento de que, ainda que o julgador não esteja obrigado a rebater um a um os fundamentos trazidos pelas partes, ***"é firme o entendimento desta Corte Superior sobre a necessidade de o Magistrado manifestar-se clara e objetivamente sobre as questões postas pelas partes, quando essas questões são importantes ou relevantes ao deslinde da controvérsia, sob pena de prestação jurisdicional deficiente ou incompleta, a impedir, inclusive, em certos casos, o acesso das partes a essa instância especial, por ausência de prequestionamento".*** (AgRg no AResp 1.202.519-RJ, Rel. Min. Napoleão Nunes Maia Filho. DJe: 30/08/2013).

Portanto, sendo os pontos omissos e contraditório essenciais para o justo deslinde do feito, o conhecimento e provimento do presente Recurso Especial é medida salutar para o devido e completo equacionamento da lide, seja para compelir o Tribunal *a quo* a solucionar tais questões, seja para, diretamente, decidi-las.

3. O EQUÍVOCO DO V. ACÓRDÃO - APLICAÇÃO DO ART. 1.025, CPC/15

Caso esse c. Tribunal entenda que não houve omissão e contradição no julgado, impende ressaltar as razões para a reforma do mérito propriamente dito.

Nesse particular, é necessário lembrar que, a teor do que dispõe a nova redação do **art. 1025 do CPC/15**, basta a invocação das teses em sede de embargos declaratórios para que seja considerado preenchido o requisito do pré-questionamento.

Isso significa que, ainda que o v. acórdão não tenha examinado, expressamente, a questão abordada, se ela foi objeto de embargos de declaração, pode esse c. **STJ** conhecer da matéria, sem que haja ofensa à **Súmula 211 do STJ**.

Veja-se o seu teor:

> ***Art. 1025 do CPC/15*** *- Consideram-se incluídos no acórdão os elementos que o embargante suscitou, para fins de pré-questionamento, ainda que os embargos de declaração sejam inadmitidos ou rejeitados, caso o tribunal superior considere existentes erro, omissão, contradição ou obscuridade.*

E tal exegese deve-se aplicar ao caso *sub examine*, eis que o recurso especial foi interposto já sob a vigência do Novo CPC. Na verdade, independentemente de questões afetas ao direito intertemporal, esse abrandamento do pré-questionamento deve prevalecer, já que, além de refletir a jurisprudência mais acertada, o próprio **STF** assim já sustentou:

> ***"O que, a teor da súmula 356, se reputa carente de prequestionamento é o ponto que, indevidamente omitido pelo acórdão, não foi objeto de embargos de declaração; mas, opostos esses, se, não obstante, se recusa o Tribunal a suprir a omissão, por***

> ***entendê-la inexistente, nada mais se pode exigir da parte, permitindo-lhe, desde logo, interpor recurso extraordinário sobre a matéria dos embargos de declaração e não sobre a recusa,** no julgamento deles, de manifestação sobre ela."* (STF, RE 210.638-1, Rel. Min. Sepúlveda Pertence, DJU, I, 19/06/1998)

Também esse C. **STJ** assim já decidiu:

> "Esta Corte Superior, primando pela celeridade e economia processuais, vem mitigando o rigorismo do prequestionamento em situações excepcionais para, superado o juízo de admissibilidade, ampliar a extensão do efeito devolutivo, de forma a aplicar o direito à espécie, nos termos do art. 257 do RISTJ e da Súmula 456 do STF. Precedentes."
>
> (REsp 1412997/SP, Rel. Ministro LUIS FELIPE SALOMÃO, QUARTA TURMA, julgado em 08/09/2015, DJe 26/10/2015)

Logo, deve-se aplicar ao caso em apreço o **art. 1.025 do CPC/15.**

4. DO MÉRITO - RAZÕES PARA REFORMA DO ACÓRDÃO RECORRIDO

Caso decida o Tribunal de Destino por ultrapassar as matérias preliminares, enfrentando diretamente o mérito recursal, certamente o fará para dar provimento ao presente recurso, ante a flagrante ofensa perpetrada pelo Eg. **TJMG** ao **art. 373, I, do CPC/15 (correspondente ao art. 333, I, do CPC/73) e ao art. 12, VI, da Lei nº 9.656/98.**

4.1. Da ausência de impossibilidade de utilização dos serviços contratados - Requisito essencial ao reembolso - Ônus probatório da autora - Tratamento eletivo - Violação ao art. 373, I, do CPC/15 (correspondente ao art. 333, I, do CPC/73) e ao art. 12, VI, da Lei nº 9.656/98

O **art. 12, VI, da Lei nº 9.656/98** é categórico ao determinar que somente é possível o reembolso por tratamento realizado fora da área de cobertura contratada em casos de urgência ou emergência, **QUANDO**

NÃO FOR POSSÍVEL A UTILIZAÇÃO DOS SERVIÇOS PRÓPRIOS, CONTRATADOS, CREDENCIADOS OU REFERENCIADOS PELAS OPERADORAS:

> ***Art. 12 Lei nº 9.656/98.*** *São facultadas a oferta, a contratação e a vigência dos produtos de que tratam o inciso I e o § 1º do art. 1º desta Lei, nas segmentações previstas nos incisos I a IV deste artigo, respeitadas as respectivas amplitudes de cobertura definidas no plano-referência de que trata o art. 10, segundo as seguintes exigências mínimas:*
>
> ***VI - REEMBOLSO****, em todos os tipos de produtos de que tratam o inciso I e o § 1º do art. 1º desta Lei,* ***nos limites das obrigações contratuais, das despesas efetuadas pelo beneficiário com assistência à saúde, EM CASOS DE URGÊNCIA OU EMERGÊNCIA, QUANDO NÃO FOR POSSÍVEL A UTILIZAÇÃO DOS SERVIÇOS PRÓPRIOS, CONTRATADOS, CREDENCIADOS OU REFERENCIADOS PELAS OPERADORAS, de acordo com a relação de preços de serviços médicos e hospitalares praticados pelo respectivo produto****, pagáveis no prazo máximo de trinta dias após a entrega da documentação adequada.*

Em seu voto, o il. des. Vogal assevera que a autora "***OPTOU por tratar-se*** *em hospital conveniado ao SUS, certamente em razão de insuficiência/incapacidade estrutural para o tratamento do caso grave que lhe acometia em algum dos hospitais credenciados de Uberaba*", e complementa que a autora foi transferida "*ao Hospital Sírio Libanês, em São Paulo/SP,* ***sabidamente referência para o tipo de tratamento***".

Mais adiante, argumenta que "*a negativa de custeio de tratamento realizado fora da área de abrangência só é legítima nos casos em que não* ***restar demonstrada*** *a urgência/emergência e* ***a impossibilidade instrumental e profissional de ser efetuado o procedimento em hospital autorizado pelo plano de saúde****. Por óbvio, a contrário senso, se há prova nos autos acerca da urgência do tratamento para preservar a vida do paciente fora da área de abrangência – como efetivamente existe no caso em exame – não se admite a negativa do custeio de todo o tratamento e a restituição integral do valor (e não apenas os definidos na tabela de referência de preços de serviços médicos hospitalares praticados pela operadora) é medida que se impõe*".

Dos trechos acima transcritos, considerando-se ainda o disposto no **art. 12, VI, da Lei nº 9.656/98**, resta evidente que é **CONDIÇÃO**

ESSENCIAL para o reembolso a COMPROVAÇÃO da impossibilidade instrumental e profissional de realização do procedimento médico em hospital conveniado.

Não obstante a contradição apontada em sede de embargos declaratórios – que não foi sanada pelo Eg. TJMG –, salta aos olhos que o v. acórdão apenas indicou provas acerca da alegada urgência, não apontando qualquer prova quanto à impossibilidade instrumental, **admitindo, implicitamente, que tal requisito fosse suprido por MERA SUPOSIÇÃO**.

Conforme contexto fático assentado pela sentença de fls. 432/438, **a autora viajou de Barretos a São Paulo, com intervalo de três dias**:

> *"Outro ponto relevante é o fato de que a paciente mesmo após ser diagnosticada com referida doença, ainda assim, vinha sendo tratada junto ao* ***Hospital de Barretos****, credenciado ao Sistema Único de Saúde, porém, por piora progressiva, aliado a falta de recursos do aludido hospital, foi necessário sua transferência em carácter de urgência para unidade de tratamento apropriada, conforme infere-se do encaminhamento anexo às fls.35, datado de* ***13/03/2014****.*
>
> *Posteriormente, o próprio relatório médico acima transcrito informa que, de fato, a paciente foi recebida em carácter de urgência,* ***dando entrada no Hospital Sírio Libanês em 16/03/2013****. Logo, os próprios documentos anexos aos autos dão consta da gravidade da situação e a extrema necessidade de transferência, sendo que o aludido hospital era preparado para recebê-la."*

A despeito de claramente tratar-se de tratamento eletivo, ainda que se considerasse que a autora encontrava-se em estado de urgência, como já ressaltado, **o art. 12, VI, da Lei nº 9.656/98 impõe como condição ao reembolso não apenas a urgência, mas também a IMPOSSIBILIDADE de utilização dos serviços próprios, contratados, credenciados ou referenciados pelas operadoras, cujo ÔNUS PROBATÓRIO INCUMBE À PARTE AUTORA, nos termos do art. 373, I, do CPC/15**[54] (correspondente ao **art. 333, I, do CPC/73**, vigente à época da instrução processual).

Ora, a autora estava em São Paulo/SP, maior cidade do país, que conta com extensa rede credenciada da Unimed, sendo patente a possibilidade de utilização de qualquer hospital conveniado. No entanto, **o v.**

---

[54] Art. 373 do CPC/15. O ônus da prova incumbe: I – ao autor, quanto ao fato constitutivo de seu direito; (...).

acórdão não apontou as provas em que se baseou para atestar a impossibilidade de atendimento em hospital credenciado, valendo-se de mera SUPOSIÇÃO, que atesta indubitavelmente NÃO TER A AUTORA SE DESINCUMBIDO DE SEU ÔNUS PROBATÓRIO.

Ressalta-se que, apesar de ter sido reconhecida a aplicação do Código de Defesa do Consumidor ao caso em comento, não foi determinada a inversão do ônus da prova.

Cumpre notar que o c. **STJ** já reconheceu a necessidade de estar configurada, no caso concreto, a impossibilidade de atendimento pela rede conveniada:

> "*Excepcionalmente, nos casos de urgência e emergência, EM QUE NÃO SE AFIGURAR POSSÍVEL A UTILIZAÇÃO DOS SERVIÇOS MÉDICOS, PRÓPRIOS, CREDENCIADOS OU CONVENIADOS, **a empresa de plano de saúde, mediante reembolso, responsabiliza-se pelos custos e despesas médicas expendidos pelo contratante em tais condições, limitada, no mínimo, aos preços de serviços médicos e hospitalares praticados pelo respectivo produto**.*"
>
> (REsp 1286133/MG, Rel. Ministro MARCO AURÉLIO BELLIZZE, TERCEIRA TURMA, julgado em 05/04/2016, DJe 11/04/2016)

Ante a ausência de um dos requisitos essenciais para o reembolso em caso de tratamento fora da área de cobertura, é evidente que o caso versa sobre tratamento eletivo, ainda que a autora estivesse em estado de emergência. Não se nega à autora a liberdade de escolher o local em que deseja realizar seu tratamento. Contudo, tal opção não pode gerar ônus à recorrente, como inclusive já decidiu o Eg. **TJMG**:

> *APELAÇÃO **CÍVEL. AÇÃO DE REPARAÇÃO POR DANOS MATERIAIS E MORAIS. PLANO DE SAÚDE. CIRURGIA REALIZADA EM HOSPITAL NÃO CREDENCIADO. OPÇÃO DO USUÁRIO.** RESPONSABILIDADE CIVIL. ATO ILÍCITO. INEXISTÊNCIA.*
>
> ***SE O USUÁRIO DO PLANO DE SAÚDE OPTA POR REALIZAR CIRURGIA DE URGÊNCIA EM HOSPITAL PARTICULAR, MESMO DIANTE DA DISPONIBILIDADE DE VAGAS PARA A REALIZAÇÃO DO PROCEDIMENTO CIRÚRGICO EM OUTRAS UNIDADES HOSPITALARES CREDENCIADAS AO***

> ***SEU PLANO DE SAÚDE, NÃO FAZ JUS À INDENIZAÇÃO POR PREJUÍZOS DECORRENTES DESTA ESCOLHA, ante a ausência de ato ilícito praticado pela mantenedora do plano de saúde e pela entidade hospitalar que se negou a realizar a cirurgia por ausência de vagas.***
>
> (TJMG - Apelação Cível 1.0394.06.060535-6/001, Relator(a): Des.(a) José Marcos Vieira, 16ª CÂMARA CÍVEL, julgamento em 28/04/2010, publicação da súmula em 28/05/2010)

Dessa forma, desconsiderando a regra probatória vigente no ordenamento processual e a necessidade de estar comprovada a impossibilidade de atendimento pela rede credenciada, **O EG. TJMG NEGOU VIGÊNCIA AO ART. 373, I, DO CPC/15 (correspondente ao art. 333, I, do CPC/73) E AO ART. 12, VI, DA LEI Nº 9.656/98**.

4.2. Do valor do reembolso - Limitação legal aos preços praticados pela seguradora - Violação ao art. 12, VI, da Lei nº 9.656/98

O v. acórdão manteve a sentença, que condenou a recorrente ao reembolso das despesas adiantadas pela paciente e ao pagamento das despesas decorrentes de sua internação e tratamento pendentes de quitação perante o Hospital Sírio Libanês.

Primeiramente, não se pode perder de vista que **a LIMINAR de fls. 71/73** determinou "*a imediata autorização, por parte da ré, para a internação da autora pelo prazo necessário à realização do tratamento **ATÉ ALTA HOSPITALAR** ou transferência da paciente, sem risco de morte, para outro nosocômio da rede credenciada ao plano de saúde da autora*".

Por sua vez, **A SENTENÇA CONFIRMOU A LIMINAR, tornando-a definitiva** (fls. 432/438):

> *"Ante o exposto **JULGO PARCIALMENTE PROCEDENTE O PEDIDO e, confirmo a liminar concedida às fls.71/73, tornando-a definitiva,** para condenar a requerida ao pagamento das despesas decorrentes da internação e tratamento da paciente Sra. Terezinha Hueb de Menzes, em Unidade de Tratamento Intensivo, pendentes de quitação perante o Hospital Sírio Libanês.*

> *Determino o reembolso das despesas comprovadas, adiantadas pela paciente, no valor de R$40.000,00 (quarenta mil reais), corrigido monetariamente, desde o desembolso (20/03/2014 – fls.44), de acordo com o índice aplicado pela Corregedoria Geral de Justiça, e com juros moratórios de 1% (um por cento) ao mês, a contar da citação."*

Como se observa, **apesar de confirmar a liminar, a sentença determinou o pagamento das despesas pendentes de quitação perante o Hospital Sírio Libanês, sem ressalvar a necessária limitação do custeio do tratamento até a alta hospitalar**, como determinou a liminar.

Na mesma linha, nota-se que o acórdão proferido pela d. Turma, ao negar provimento à apelação e manter a sentença, determinou **o pagamento <u>integral</u> do tratamento**:

> *"O juízo a quo julgou parcialmente procedente os pedidos, condenando a Unimed à restituição dos R$ 40.000,00 referentes ao tratamento inicial, bem como ao **custeio do restante do tratamento, que só ocorreu por mais dois meses, já que infelizmente a autora faleceu em 25/05/2014**."* (fl. 587-v)
>
> *"Ora, a* ratio decidendi *do precedente é evidente: a negativa de custeio de tratamento realizado fora da área de abrangência só é legítima nos casos em que não restar demonstrada a urgência/emergência e a impossibilidade instrumental e profissional de ser efetuado o procedimento em hospital autorizado pelo plano de saúde. Por óbvio, a contrário senso, se há prova nos autos acerca da urgência do tratamento para preservar a vida do paciente fora da área de abrangência – como efetivamente existe no caso em exame – **não se admite a negativa do custeio de <u>todo</u> o tratamento e a restituição <u>integral do valor (e não apenas os definidos na tabela de referência de preços de serviços médicos hospitalares praticados pela operadora)</u> é medida que se impõe**."* (fl. 588)

Ora, uma vez que a liminar autorizou o tratamento da autora somente até a alta hospitalar e que a sentença confirmou a liminar, é certo que **<u>a obrigação de custeio do tratamento está limitada temporalmente à alta hospitalar</u>**.

Apesar de tanto o acórdão quanto a sentença ignorarem tal ponto, é certo que **<u>O REEMBOLSO NÃO PODE, DE FORMA ALGUMA, SER INTEGRAL, considerando-se a limitação contida na liminar, que foi</u>**

confirmada pela sentença, e que o acórdão não reformou a sentença nesse aspecto – e sequer poderia, pelo princípio da *non reformatio in pejus*.

Vale dizer que **somente é possível o reembolso por tratamento realizado fora da área de cobertura enquanto perdurar a situação de urgência, e** A ALTA HOSPITALAR IMPLICA QUE CESSOU A URGÊNCIA QUE AUTORIZA O TRATAMENTO EXCEPCIONAL.

Esse é o entendimento do c. **STJ**:

> ***"O tratamento médico percebido pelos demandantes no Hospital de alto custo, com renomada e especializada equipe médica, após a alta hospitalar e, portanto, quando não mais presente a situação de emergência ou de urgência do atendimento/tratamento, ainda que indiscutivelmente importante e necessário a sua recuperação, não se encontrava, nos termos legitimamente ajustados, coberto pelo plano de assistência à saúde em comento. Improcede, por conseguinte, a pretensão de ressarcimento da totalidade das despesas expendidas.*"** (REsp 1286133/MG, Rel. Ministro MARCO AURÉLIO BELLIZZE, TERCEIRA TURMA, julgado em 05/04/2016, DJe 11/04/2016)

Não obstante a sentença e o acórdão terem se omitido em relação à alta hospitalar da autora no caso concreto, como apontado em sede de embargos declaratórios, é certo que, **ao tornar definitiva a liminar, a sentença estaria impondo limitação temporal ao custeio do tratamento**. A ausência de manifestação nesse sentido impõe que o c. STJ proceda à necessária limitação da condenação.

Ademais, quanto ao valor do reembolso, o **art. 12, VI, da Lei nº 9.656/98 determina que** DEVE OBSERVAR OS LIMITES DAS OBRIGAÇÕES CONTRATUAIS E OS PREÇOS DE SERVIÇOS MÉDICOS E HOSPITALARES PRATICADOS PELO RESPECTIVO PRODUTO:

> ***Art. 12 Lei nº 9.656/98.*** *São facultadas a oferta, a contratação e a vigência dos produtos de que tratam o inciso I e o § 1º do art. 1º desta Lei, nas segmentações previstas nos incisos I a IV deste artigo, respeitadas as respectivas amplitudes de cobertura definidas no plano-referência de que trata o art. 10, segundo as seguintes exigências mínimas:*
>
> ***VI – REEMBOLSO****, em todos os tipos de produtos de que tratam o inciso I e o § 1º do art. 1º desta Lei,* **NOS LIMITES DAS**

> ***OBRIGAÇÕES CONTRATUAIS, das despesas efetuadas pelo beneficiário com assistência à saúde, em casos de urgência ou emergência, quando não for possível a utilização dos serviços próprios, contratados, credenciados ou referenciados pelas operadoras, DE ACORDO COM A RELAÇÃO DE PREÇOS DE SERVIÇOS MÉDICOS E HOSPITALARES PRATICADOS PELO RESPECTIVO PRODUTO***, *pagáveis no prazo máximo de trinta dias após a entrega da documentação adequada.*

Ressalta-se que a limitação do valor do reembolso aos preços praticados pela seguradora não demanda análise do contrato firmado entre as partes ou dos elementos probatórios produzidos ao longo da demanda. **Trata-se, em verdade, de LIMITAÇÃO LEGAL, que deve ser observada na condenação da recorrente.** Decerto, caso superada a tese de nulidade do acórdão, é possível que o c. STJ, aplicando o direito, nos termos do art. 1034 do CPC/15, proceda à reforma do julgado neste particular, sendo que o valor efetivamente devido será apurado em liquidação de sentença.

O c. **STJ**, inclusive, já decidiu que o pagamento deve observar os valores praticados na tabela de preços do plano de saúde, em respeito ao art. 12, VI, da Lei nº 9.656/98 e ao caráter sinalagmático do contrato:

> *RECURSO ESPECIAL.* ***AÇÃO DESTINADA À OBTENÇÃO DE REEMBOLSO PELAS DESPESAS MÉDICAS EXPENDIDAS EM HOSPITAL E EQUIPE MÉDICA NÃO CREDENCIADOS/CONVENIADOS****, EM VIRTUDE DE ACIDENTE AÉREO. 1.* ***TRATAMENTO EM SITUAÇÃO DE EMERGÊNCIA E URGÊNCIA. DEVER LEGAL DE REEMBOLSO, LIMITADO, NO MÍNIMO, AOS PREÇOS DO PRODUTO CONTRATADO À ÉPOCA DO EVENTO****. DEVER LEGAL. INTELIGÊNCIA DO ART. 12, VI, DA LEI N. 9.656/98. HOSPITAL DE ALTO CUSTO. IRRELEVÂNCIA.* ***PROSSEGUIMENTO DO TRATAMENTO MÉDICO, APÓS ALTA HOSPITALAR E CESSAÇÃO DA SITUAÇÃO EMERGENCIAL, NO HOSPITAL NÃO CREDENCIADO. COBERTURA. EXCLUSÃO.*** *2. PRETENSÃO DE ANULAR A DECLARAÇÃO DE QUITAÇÃO, ASSINADA PELO RECORRENTE, ENTÃO CURATELADO. IRRELEVÂNCIA DA QUESTÃO. RECONHECIMENTO. CURATELA REQUERIDA POR ENFERMO, NOS TERMOS DO ART. 1.780 DO CÓDIGO CIVIL, QUE NÃO PRESSUPÕE, NECESSARIAMENTE, A PERDA DE DISCERNIMENTO DO CURATELADO E, POR CONSEGUINTE, A COMPLETA*

> *INCAPACIDADE PARA OS ATOS CIVIS. RECURSO IMPROVIDO.*
>
> *1. **O contrato de plano de assistência à saúde, por definição, tem por objeto propiciar, mediante o pagamento de um preço, a cobertura de custos de tratamento médico e atendimentos médico, hospitalar e laboratorial perante profissionais e rede de hospitais e laboratórios próprios ou credenciados. A estipulação contratual que vincula a cobertura contratada aos médicos e hospitais de sua rede ou conveniados é inerente a esta espécie contratual e, como tal, não encerra, em si, qualquer abusividade. Aliás, o sinalagma deste contrato está justamente no rol de diferentes níveis de qualificação de profissionais, hospitais e laboratórios próprios ou credenciados postos à disposição do consumido, devidamente especificados no contrato, o qual será determinante para definir o valor da contraprestação a ser assumida pelo aderente. Por consectário, quanto maior a quantidade de profissionais e hospitais renomados, maior será a prestação periódica expendida pelo consumidor, decorrência lógica, ressalta-se, dos contratos bilaterais sinalagmáticos.***
>
> *1.1 **Excepcionalmente, nos casos de urgência e emergência, em que não se afigurar possível a utilização dos serviços médicos, próprios, credenciados ou conveniados, a empresa de plano de saúde, mediante reembolso, responsabiliza-se pelos custos e despesas médicas expendidos pelo contratante em tais condições, limitada, no mínimo, aos preços de serviços médicos e hospitalares praticados pelo respectivo produto.***
>
> *1.2 Afigura-se absolutamente eivada de nulidade a disposição contratual que excepciona o dever de reembolsar, mesmo nos casos de urgência ou de emergência, as despesas médicas efetuadas em hospital de tabela própria (compreendido como de alto custo). A lei de regência não restringe o reembolso nessas condições (de urgência ou emergência), levando-se em conta o padrão do hospital em que o atendimento/tratamento fora efetuado, até porque, como visto, **a responsabilidade é limitada, em princípio, justamente aos preços praticados pelo produto contratado**.*
>
> (REsp 1286133/MG, Rel. Ministro MARCO AURÉLIO BELLIZZE, TERCEIRA TURMA, julgado em 05/04/2016, DJe 11/04/2016)

Assim, o **Eg. TJMG NEGOU VIGÊNCIA AO ART. 12, VI, DA LEI Nº 9.656/98** ao determinar o reembolso integral pela recorrente das despesas efetuadas pela ora recorrida em hospital não conveniado.

4.3. Do dissídio jurisprudencial acerca da limitação do reembolso aos valores praticados na tabela de preços do plano de saúde

Na esteira das razões apontadas no item anterior, cumpre demonstrar também a existência de **dissídio jurisprudencial** entre o entendimento exarado pelo Eg. **TJMG** *in casu* e o posicionamento consolidado pelo c. **Superior Tribunal de Justiça** acerca da limitação do reembolso aos valores praticados na tabela de preços do plano de saúde.

Para tanto, será feito cotejo analítico, de acordo com os **art. 1029, §1º, do CPC/15 e art. 255, §1º, do RISTJ**, entre o acórdão proferido pelo Eg. **TJMG,** ao julgar o recurso de apelação da ora recorrente (acórdão de fls. 584/588-v), integrado pelo acórdão que julgou os embargos declaratórios (acórdão fls. 606/607-v), e o julgado proferido pelo c. **Superior Tribunal de Justiça** no **REsp nº 1.286.133/MG, de relatoria do Exmo. Ministro Marco Aurélio Bellizze, publicado no DJe em 11/04/2016.**

Perceba-se que ambos os casos versam sobre a mesma discussão jurídica, qual seja, a limitação de reembolso ao valor da tabela de preços do plano de saúde e até alta hospitalar em caso de tratamento realizado fora da área de cobertura em estado de urgência. Observe-se primeiro o acórdão exarado *in casu* pelo Eg. **TJMG** em grau de Apelação:

> *"Trata-se de Apelação e Apelação Adesiva interpostas, respectivamente, pela UNIMED UBERABA - COOPERATIVA DE TRABALHO MÉDICO LTDA e pelo ESPÓLIO DE TEREZINHA HUEB DE MENEZES contra a r. sentença de fls. 432/438 proferida nos autos da AÇÃO ORDINÁRIA DE OBRIGAÇÃO DE FAZER C/C PRECEITO COMINATÓRIO E PEDIDO LIMINAR, que julgou parcialmente procedente os pedidos iniciais, confirmando a liminar concedida às fls. 71/73, tornando-a definitiva, para condenar a Requerida/Apelante ao pagamento das despesas decorrentes da internação e tratamento da paciente Sra. Terezinha Hueb de Menezes, em Unidade de Tratamento Intensivo, pendentes de quitação perante o Hospital Sírio Libanês."* (fl. 584-v)

Agora, eis trecho do acórdão exarado pelo c. **STJ** sobre a matéria, e escolhido como paradigma no presente caso:

> "Subjaz ao presente recurso especial ação ordinária promovida por Ricardo Queiroz Guimarães e Márcia Fernanda da Costa

> Reis Guimarães em face de Unimed Belo Horizonte Cooperativa de Trabalho Médico Ltda, tendo por propósito a condenação da requerida a ressarcir os autores pelos custos por eles despendidos em seu tratamento de saúde, decorrentes do sinistro noticiado nos autos, conforme se apurar em perícia ou em liquidação de sentença."

No julgamento do presente caso, decidiu **a d. Turma que a recorrente deve custear integralmente o tratamento realizado pela autora em hospital não conveniado, e não apenas os definidos na tabela de preços da operadora ou limitado pela alta hospitalar.** Ressalta-se que o acórdão de fls. 584/588-v foi integrado pelo acórdão de fls. 606/607-v.

> *"O juízo a quo julgou parcialmente procedente os pedidos, condenando a Unimed à restituição dos R$ 40.000,00 referentes ao tratamento inicial, bem como ao* ***custeio do restante do tratamento, que só ocorreu por mais dois meses, já que infelizmente a autora faleceu em 25/05/2014.*** *"* (fl. 587-v)
>
> *"O acórdão proferido restou devidamente fundamentado no sentido de que o quadro clínico do autor revestia-se de gravidade, admitindo-se o reembolso das despesas médicas, conforme pleiteado na inicial. Vale transcrever parte do voto proferido pelo e. Des. Segundo Vogal:*
>
> 'Ora, a ratio decidendi do precedente é evidente: a negativa de custeio de tratamento realizado fora da área de abrangência só é legítima nos casos em que não restar demonstrada a urgência/emergência e a impossibilidade instrumental e profissional de ser efetuado o procedimento em hospital autorizado pelo plano de saúde. Por óbvio, a contrário senso, se há prova nos autos acerca da urgência do tratamento para preservar a vida do paciente fora da área de abrangência – como efetivamente existe no caso em exame – **não se admite a negativa do custeio de todo o tratamento e a restituição integral do valor (e não apenas os definidos na tabela de referência de preços de serviços médicos hospitalares praticados pela operadora) é medida que se impõe.**' (fl. 588)" (fl. 607)

O c. **Superior Tribunal de Justiça**, por sua vez, no acórdão tomado como paradigma para o presente cotejo analítico, **decidiu em sentido diametralmente oposto, determinando que o pagamento deve observar os valores praticados na tabela de preços do plano de saúde, em respeito ao art. 12, VI, da Lei nº 9.656/98 e ao caráter sinalagmático do contrato,**

bem como deve ser limitado pela alta hospitalar. Confira-se trecho do referido *decisum*:

> *"De plano, importa deixar assente que o contrato de plano de assistência à saúde, por definição, tem por objeto propiciar, mediante o pagamento de um preço (consistente em prestações antecipadas e periódicas), a cobertura de custos de tratamento médico e atendimentos médico, hospitalar e laboratorial* ***perante profissionais e rede de hospitais e laboratórios próprios ou credenciados.***
>
> *(...)*
>
> *Desse modo, a estipulação contratual que vincula a cobertura contratada aos médicos e hospitais de sua rede ou conveniados é inerente a esta espécie contratual e, como tal, não encerra, em si, qualquer abusividade.* ***Aliás, o sinalagma desta espécie contratual está justamente no rol – de diferentes níveis de qualificação – de profissionais, hospitais e laboratórios próprios ou credenciados postos à disposição do consumidor/contratante, devidamente especificados no contrato, o qual será determinante para definir o valor da contraprestação a ser assumida pelo aderente. Por consectário, quanto maior a quantidade de profissionais e hospitais renomados, maior será a prestação periódica expendida pelo consumidor, decorrência lógica, ressalta-se, dos contratos bilaterais sinalagmáticos.***
>
> *Não obstante, excepcionalmente,* ***nos casos de urgência e emergência, em que não se afigurar possível a utilização dos serviços médicos, próprios, credenciados ou conveniados, a empresa de plano de saúde, mediante reembolso, responsabiliza-se pelos custos e despesas médicas expendidos pelo contratante em tais condições, LIMITADA, NO MÍNIMO, AOS PREÇOS DE SERVIÇOS MÉDICOS E HOSPITALARES PRATICADOS PELO RESPECTIVO PRODUTO.***
>
> *O art. 12, VI, da Lei n. 9.656/98 é expresso nesse sentido:*
>
>> *Art. 12. São facultadas a oferta, a contratação e a vigência dos produtos de que tratam o inciso I e o § 1o do art. 1o desta Lei, nas segmentações previstas nos incisos I a IV deste artigo, respeitadas as respectivas amplitudes de cobertura definidas no plano-referência de que trata o art. 10,* ***segundo as seguintes exigências mínimas:***
>>
>> *[...]*
>>
>> *VI –* ***reembolso,*** *em todos os tipos de produtos de que tratam o inciso I e o § 1º do art. 1o desta Lei,* ***nos limites das obrigações contratuais,*** *das despesas efetuadas pelo beneficiário com assistência à saúde,* ***em***

> ***casos de urgência ou emergência, quando não for possível a utilização dos serviços próprios, contratados, credenciados ou referenciados pelas operadoras, de acordo com a relação de preços de serviços médicos e hospitalares praticados pelo respectivo produto,*** *pagáveis no prazo máximo de trinta dias após a entrega da documentação adequada;*

Constata-se, assim, que a lei de regência impõe às operadoras de plano de saúde a responsabilidade pelos custos de despesas médicas realizadas em situação de emergência ou de urgência, sempre que inviabilizada pelas circunstâncias do fato a utilização da rede própria ou contratada, limitada, no mínimo, aos preços praticados pelo respectivo produto à data do evento.

Trata-se, pois, de garantia legal mínima conferida ao contratante de plano de assistência à saúde, a ser observada, inclusive, nos denominados plano-referência, de cobertura básica.

(...)

Ressalta-se, pois, que a lei de regência não restringe o reembolso nessas condições (de urgência ou emergência), levando-se em conta o padrão do hospital em que o atendimento/tratamento fora efetuado, até porque, como visto, ***a responsabilidade é limitada, em princípio, justamente aos preços praticados pelo produto contratado****.*

(...)

Ressalta-se, por oportuno, que o tratamento médico percebido pelos demandantes no Hospital Albert Einstein, com a renomada e especializada equipe médica do Dr. Carlos Fontana, ***após a ALTA HOSPITALAR – e, portanto, quando não mais presente a situação de emergência ou de urgência do atendimento/tratamento –, ainda que indiscutivelmente importante e necessário a sua recuperação, não se encontrava, nos termos legitimamente ajustados, coberto pelo plano de assistência à saúde em comento. Improcede, por conseguinte, a pretensão de ressarcimento da totalidade das despesas expendidas.***

(...)

Efetivamente, nos termos ora reconhecidos, ***a obrigação da Unimed cingiu-se a proceder ao reembolso das despesas médicas expendidas no aludido hospital paulista durante o tratamento/atendimento reputado emergencial, segundo a tabela praticada pelo contrato em comento à época do evento, e não integralmente como pretendem os recorrentes.****"*

É nítida a diferença de posicionamento entre os Tribunais, visto que, enquanto o Eg. **TJMG decidiu que o reembolso deveria ser integral**, o c. **STJ** firmou seu entendimento no sentido diametralmente oposto, afirmando que **o reembolso deve ser limitado aos preços praticados pela seguradora e, temporalmente, à alta hospitalar**.

Inegável, portanto, a existência de dissídio jurisprudencial entre o Eg. TJMG e o c. Superior Tribunal de Justiça, razão pela qual deve ser conhecido e provido o presente REsp também pela alínea "c" do permissivo constitucional, a fim de adequar a solução dada a este caso ao entendimento acertadíssimo consagrado pelo Tribunal de Destino sobre a matéria.

Na oportunidade, esclarece o recorrente que o aresto paradigma (cópia integral anexa), colhido do site ***www.stj.jus.br***, tem sua autenticidade ora declarada pelo procurador signatário desta peça recursal, sob sua responsabilidade pessoal.

5. DOS PEDIDOS

Pelo exposto, pugna-se pela admissão do presente apelo nobre, devendo-se provê-lo para **declarar a nulidade do acórdão que julgou o recurso aclaratório** aviado pela ora recorrente, a fim de que outro seja proferido abarcando os pontos omissos e contraditório.

E, caso assim não se entenda, requer-se o provimento do presente Especial, a fim de **julgar improcedente a inicial**, tendo em vista a regra probatória vigente no ordenamento processual e a necessidade de estar comprovada a impossibilidade de atendimento pela rede credenciada. Eventualmente, requer seja **limitado o reembolso** aos valores praticados pela tabela de preços da recorrente e somente até a alta hospitalar, nos termos da legislação vigente.

P. j. aos autos.

Belo Horizonte, novembro/2016.

Luiz Fernando Valladão Nogueira - OAB/MG 47.254

Mariana Teodoro de Morais - OAB/MG 155.188

10.2 RECURSO ESPECIAL CRIMINAL

Exmo. Sr. Desemb. 1º Vice-Presidente do Egrégio Tribunal de Justiça de Minas Gerais.

Processo

Comarca –

1ª Câmara Criminal – UG (UAP)

> ***"No Tribunal do júri, a alegação de nulidade por vício na quesitação deverá ocorrer no momento oportuno, isto é, após a leitura dos quesitos e explicação dos critérios pelo Juiz presidente (art. 571 do CPP), sob pena de preclusão (precedentes do STJ e do STF).***[55]

XXXXXX, já qualificado nos autos do presente processo criminal que lhe move o XXXXXX, vem, respeitosamente, perante V. Exa., através de seu procurador *in fine* assinado, irresignado com o v. acórdão de fls. 1243/1247, interpor o apropriado e tempestivo ***RECURSO ESPECIAL***, o que faz com fulcro no **art. 1.029 CPC/15 (que revogou o art. 26 da Lei 8038/90) e art. 105, III, "a" da Constituição Federal**, bem como nas razões anexas.

Requer, outrossim, seja admitido o recurso, e, posteriormente, remetido ao excelso **Superior Tribunal de Justiça**, onde, por certo, haverá de receber o merecido provimento, para os fins declinados no arrazoado produzido.

Excelso Superior Tribunal de Justiça

Exmo. Sr. Desemb. 1° Vice-Presidente do Tribunal de Justiça

---

[55] AgRg no AREsp 718.871/MT, Rel. Ministro SEBASTIÃO REIS JÚNIOR, SEXTA TURMA, julgado em 05/11/2015, *DJe* 24/11/2015.

1. Tempestividade

De início, esclarece-se que acórdão foi publicado em **14/10/2016 (sexta-feira)**, de forma a estabelecer a data de **17/10/2016 (segunda-feira)** como *dies a quo*. Assim sendo, a interposição do *REsp* pode se dar até **31/10/2016 (segunda-feira)**, considerando o estabelecido no **art. 798 CPP**. Portanto, é tempestivo o presente recurso.

2. Da Espécie e dos Permissivos ao *REsp*

O ora recorrente foi denunciado pelo órgão ministerial pela suposta prática dos crimes tipificados nos **arts. 129, §1° IV e 121, §°2 II e IV CP.**

Após a instrução do feito, o plenário do Tribunal do Júri concluiu pela desclassificação do crime e condenou o acusado pela prática do delito previsto no **art. 125 do CP**, qual seja, **aborto provocado por terceiro**, com pena definitiva de **03 anos e 06 meses de reclusão** (fls. 1136/1138).

Foram opostas apelações pelo acusado e pela assistente de acusação, Flávia Cristina Machado. O Ministério Público não apresentou irresignação.

O d. magistrado de 1ª instância, então, não conheceu do recurso aviado pela assistente, ao fundamento de que ***"ao assistente da acusação não é dado querer alterar, ampliar ou corrigir a atividade do titular da ação penal pública ou, notadamente, alegar nulidade quando o titular da ação penal não o fez."*** (fl. 1152v)

Em face de tal decisão, houve insurgência via recurso em sentido estrito pela ora recorrida, ao qual foi dado provimento pelo Eg. **TJMG**, conforme a ementa:

> "RECURSO EM SENTIDO ESTRITO - INCONFORMISMO CONTRA A DECISÃO QUE NEGOU SEGUIMENTO À APELAÇÃO INTERPOSTA PELO ASSISTENTE DA ACUSAÇÃO - LEGITIMIDADE DO ASSISTENTE DEMONSTRADA - REQUISITOS DE ADMISSIBILIDADE DO APELO PREENCHIDOS - RECEBIMENTO E PROSSEGUIMENTO DA APELAÇÃO - NECESSIDADE. I - Os arts. 271 e 598, ambos do CPP, não limitam a legitimidade do Assistente do Ministério para a interposição do recurso de apelação a uma ou outra hipótese do art. 593 do mesmo diploma legal.

Foram opostos, em seguida, embargos declaratórios, os quais foram rejeitados, apenas com o acréscimo de que:

> "Impõe-se ressaltar que o mérito do apelo em nada se relaciona ao preenchimento dos pressupostos de admissibilidade e processamento. Se as teses a serem debatidas no recurso se encontram preclusas ou não, é tema que será discutido na apreciação do mérito. Repito, preclusão do que eventualmente será arguido na apelação não implica a sua denegação por ausência de interesse recursal."

Insatisfeito com tal desfecho, o ora recorrente agita o presente *especial*, no qual será demonstrada a **nulidade** do v. acórdão, o qual se afigura **omisso** e, no mérito, a violação aos **arts 271, 571 VIII, art. 584 §1° e 598, todos do CPP.**

3. A Nulidade do V. Acórdão

Quando da oposição dos embargos de declaração, afirmou o recorrente que **um importante aspecto** não havia sido analisado pela douta Turma Julgadora.

Foi sustentado que, ainda que o assistente de acusação tenha legitimidade recursal independente da manifestação pelo *parquet*, no caso em apreço, há **outra peculiaridade que também leva ao não conhecimento do recurso.**

É que, na realidade, a única tese abordada no recurso de apelação é a de que houve o **desrespeito à ordem de quesitação no Tribunal do Juri,** pelo que se afigura nulo o julgamento.

Acontece que – e aqui está a falta de interesse recursal –, qualquer vício supostamente ocorrido durante a sessão do Juri **deve ser arguido naquele momento**, sob pena de preclusão lógica (**art. 571 VIII CPP**).

E, no caso em apreço, NÃO HOUVE ESSA INSURGÊNCIA TEMPESTIVA, pelo que a assistência de acusação **não pode mais insistir nesta tese**, muito menos em sede recursal.

Assim foi sustentado em declaratórios:

> ***"... de fato, conforme se verifica da ata da sessão (fl. 1140v), não há registro sobre eventual oposição do órgão acusatório ou de***

> ***seu assistente no momento em que foi determinada a repetição da votação de um dos quesitos.***
>
> ***De mais a mais, se a única tese recursal refere-se aos supostos vícios na quesitação (desde já, fadada ao insucesso, ante a ausência de oposição oportuna), não se afigura razoável o conhecimento do recurso e a onerosa remessa dos autos a esta instância superior, onde, fatalmente, será afastado o pleito recursal (Princípio da Economia Processual).***"

Acontece que, quando do julgamento, tal aspecto fático não foi considerado pela d. Turma Julgadora, que se limitou a dizer que a preclusão é matéria de cunho meritório.

Ao assim agir, *concessa venia,* os n. julgadores incorreram em evidente **omissão**, o que não pode ser admitido.

Portanto, é evidente que o acórdão que rejeitou os embargos não sanou o vício do julgamento do recurso em sentido estrito, sendo, por consequência, clara violação ao **art. 619 do CPP** e ao **1022 do Código de Processo Civil/15 (art. 535 do CPC/73)**, subsidiariamente aplicado.

A anulação do v. acórdão é medida que se impõe.

3.1 Considerações Iniciais Sobre a Análise Meritória. Aplicação do art. 1.025 CPC/15 e art. 267 §3° NCPC, em razão do art. 3° CPP.

3.2 De início, necessário lembrar que, a teor do que dispõe a nova redação do art. 1.025 do CPC/15, basta a invocação das teses em sede de embargos declaratórios para que seja considerado preenchido o requisito do pré-questionamento.

Isso significa que, ainda que o v. acórdão não tenha examinado, expressamente, as questões ora abordadas, se elas foram objeto de embargos de declaração, pode esse C. STJ conhecer da matéria, sem que haja ofensa à súmula 211 STJ.

Veja-se o seu teor:

> *"Art. 1025 – Consideram-se incluídos no acórdão os elementos que o embargante suscitou, para fins de pré-questionamento, ainda*

> *que os embargos de declaração sejam inadmitidos ou rejeitados, caso o tribunal superior considere existentes erro, omissão, contradição ou obscuridade."*

E tal exegese deve-se aplicar ao caso sub examine, eis que o recurso especial foi interposto já sob a vigência do novo CPC. Na verdade, independente de questões afetas ao direito intertemporal, esse abrandamento do prequestionamento deve prevalecer, já que, além de refletir a jurisprudência mais acertada, o próprio STF assim já sustentou:

> *O que, a teor da súmula 356, se reputa carente de prequestionamento é o ponto que, indevidamente omitido pelo acórdão, não foi objeto de embargos de declaração; mas, opostos esses, se, não obstante, se recusa o Tribunal a suprir a omissão, por entendê-la inexistente, nada mais se pode exigir da parte, permitindo-lhe, desde logo, interpor recurso extraordinário sobre a matéria dos embargos de declaração e não sobre a recusa, no julgamento deles, de manifestação sobre ela."* [56]

Também esse C. **STJ** assim já decidiu: ***"esta Corte Superior, primando pela celeridade e economia processuais, vem mitigando o rigorismo do prequestionamento em situações excepcionais para, superado o juízo de admissibilidade, ampliar a extensão do efeito devolutivo, de forma a aplicar o direito à espécie, nos termos do art. 257 do RISTJ e da Súmula 456 do STF."***[57]

3.3 Nessas considerações iniciais, também é importante lembrar que a tese aventada - Ausência de Interesse Recursal - é matéria de ordem pública e deveria ser examinada quando dos declaratórios e, de igual forma, agora no especial.

Isso porque, em se tratando de questão cognoscível *ex officio*, dispensa-se a ocorrência de prequestionamento, em razão do amplo **efeito translativo** do recurso especial, agora reforçado pelo novo CPC.

---

[56] RE 210.638-1, Min. Sepúlveda Pertence.

[57] REsp 1412997 / SP - Min. Luis Felipe Salomão - *DJE* 26/10/2015.

Sim, a nova dicção do **art. 485 §3° CPC/15**, em comparação com o que dispunha o corresponde **art. 267 §3° CPC/73**, leva a crer que o legislador possibilitou, expressamente, o conhecimento, de ofício, das matérias de ordem pública, **inclusive em grau extraordinário, independente de análise pelas instâncias inferiores.**

Vejam-se os seus conteúdos:

> ***"Art. 267 (...) § 3° O juiz conhecerá de ofício, em qualquer tempo e grau de jurisdição, ENQUANTO NÃO PROFERIDA A SENTENÇA DE MÉRITO, da matéria constante dos ns. IV, V e VI; todavia, o réu que a não alegar, na primeira oportunidade em que lhe caiba falar nos autos, responderá pelas custas de retardamento."***
>
> ***"Art. 485 (...) § 3° O juiz conhecerá de ofício da matéria constante dos incisos IV, V, VI e IX, em qualquer tempo e grau de jurisdição, ENQUANTO NÃO OCORRER O TRÂNSITO EM JULGADO."***

Como se vê, o legislador, agora, preferiu dizer que esse conhecimento de ofício pode se dar "***enquanto não ocorrer o trânsito em julgado***", ampliando a antiga expressão "***enquanto não proferir a sentença de mérito***".

Ora, à míngua de restrição específica nas disposições sobre os recursos extraordinários *lato sensu*, deve-se extrair daí o propósito de permitir, também na via desses recursos, o conhecimento *ex officio* de matérias de ordem pública (efeito translativo).

Sobre isso, vale conferir dois importantes precedentes desse C. **STJ, proferidos ainda durante a vigência do CPC/73**:

> ***"O fato de a questão da legitimidade passiva não ter sido alvo de prequestionamento não impede que esta Corte Superior trate do ponto.***
>
> ***É que os recursos extraordinários (em sentido lato) também possuem o efeito translativo, ainda que de abrangência mais limitada, tendo em conta a necessidade de que o inconformismo seja conhecido ao menos por algum outro fundamento que não o que deixou de ser prequestionado. Incide, no caso, a Súmula n. 456 do STF, por analogia."***[58]

[58] AgRg no REsp 900.449/RJ, Rel. Ministro MAURO CAMPBELL MARQUES, SEGUNDA TURMA, julgado em 04/06/2009, *DJe* 23/06/2009.

> ***"É possível, porém, conhecer de questões de ordem pública não prequestionadas, se o recurso especial ensejar conhecimento por outros fundamentos, ante o efeito translativo dos recursos, que, mesmo de forma temperada, tem aplicação na instância especial."*[59]**

Dessa forma, a tese ora trazida deve ser examinada por esse C. **STJ** independente de manifestação anterior pelas instâncias de origem.

4. A Moldura Fática e a Violação aos Dispositivos Infraconstitucionais.

4.1 Pois bem, de acordo com a moldura fática delineada pelo v. acórdão recorrido, houve sentença criminal condenatória, contra a qual **apenas o réu e a assistente de acusação opuseram apelação.** O órgão ministerial, enquanto autor da ação penal, **não ofereceu recurso.**

Assim constou do julgado sobre o cenário fático:

> ***Pretende o assistente do Ministério Público o recebimento e prosseguimento do recurso de apelação interposto às fls. 1146 (razões às fls. 1149/1151). Com razão.***
>
> ***O art. 271 do CPP, ao dispor sobre a legitimidade e função do assistente da acusação, prevê:***
>
> > ***Art. 271. Ao assistente será permitido propor meios de prova, requerer perguntas às testemunhas, aditar o libelo e os articulados, participar do debate oral e arrazoar os recursos interpostos pelo Ministério Público, ou por ele próprio, nos casos dos arts. 584, § 1o, e 598.***
>
> ***O art. 598 do CPP, por sua vez, dispõe:***
>
> > ***Art. 598. Nos crimes de competência do Tribunal do Júri, ou do juiz singular, se da sentença não for interposta apelação pelo Ministério Público no prazo legal, o ofendido ou qualquer das pessoas enumeradas no art. 31, ainda que não se tenha habilitado como assistente, poderá interpor apelação, que não terá, porém, efeito suspensivo. (...)***

---

[59] REsp 701.185/RS, Rel. Ministro CASTRO MEIRA, SEGUNDA TURMA, julgado em 02/08/2005, *DJ* 03/10/2005, p. 210.

> ***Desta forma, a lei não limita a legitimidade recursal do assistente da acusação a não ser pelos requisitos já mencionados, em nenhum momento especificando uma ou outra das hipóteses do art. 593 do CPP como possível de ser utilizada na fundamentação do apelo.***
>
> ***Ora, há muito se encontra superado pela jurisprudência, inclusive dos tribunais superiores, o entendimento segundo o qual a legitimidade recursal do assistente se restringe à pretensão patrimonial e reparatória."***

Também é possível verificar, a partir do julgado, que a recorrida, no recurso de apelação, apenas se insurgiu quanto à ordem dos quesitos apresentados no Tribunal do Juri, **não tendo, contudo, suscitado o vício durante a assentada.**

Tal também pode ser inferido da **simples leitura de peças processuais**, o que não configura ofensa à **súmula 07 STJ**[60]. Sim, basta que esse C. **STJ** leia, rapidamente, as razões de fls. 1149/1151 e a ata do Juri de fl. 1139/1141 para verificar que, de fato, não houve oposição à ordem dos quesitos na ocasião do julgamento, sendo tal vício sustentado apenas em recurso.

A d. Turma entendeu que, não obstante seja certo que tenha ocorrido a preclusão, diante da inobservância do **art. 571 VIII CPP**, tal discussão será decidida quando da análise meritória do recurso, não impedindo o seu conhecimento.

Veja-se:

> ***"Ademais, a alegação do recorrido no sentido de ter havido a preclusão de supostas irregularidades em Plenário é matéria que será debatida no mérito do apelo, não produzindo interferência alguma na possibilidade de seu prosseguimento."*** (trecho do acórdão do RESE)
>
> ***"Impõe-se ressaltar que o mérito do apelo em nada se relaciona ao preenchimento dos pressupostos de admissibilidade***

---

60 ***"... o exame do conteúdo das razões da apelação não encontra obstáculo no enunciado n. 7 da súmula do STJ,*** *pois isso não configura reexame de documento coligido aos autos no escopo de produzir prova. Efetivamente, trata-se de peça processual que integra a cadeia de atos passíveis de avaliação por esta Corte Superior no exercício de sua função constitucional, visando a preservar a higidez da legislação federal."* (Agravo em Recurso Especial nº 631.021 – Min. Antônio Carlos Ferreira – *DJE* 30/09/2015).

> ***e processamento. Se as teses a serem debatidas no recurso se encontram preclusas ou não, é tema que será discutido na apreciação do mérito. Repito, preclusão do que eventualmente será arguido na apelação não implica a sua denegação por ausência de interesse recursal."*** (trecho do acórdão dos declaratórios).

Acontece que tal entendimento violou o que dispõem os **arts. 271, 571 VIII, art. 584, §1° e 598, todos do CPP.**

> **4.2 Conforme dispõe o art. 571, VIII, CPP, os vícios ocorridos durante a sessão de julgamento devem ser aventados pelo interessado antes de encerrada a assentada. A ausência de arguição em tal oportunidade implica a ocorrência da preclusão, não podendo ser renovado o debate em momento posterior, muito menos na seara recursal.**

Tal exegese perfilha a orientação desse **C. STJ**:

> ***"No Tribunal do júri, a alegação de nulidade por vício na quesitação deverá ocorrer no momento oportuno, isto é, após a leitura dos quesitos e explicação dos critérios pelo Juiz presidente (art. 571 do CPP), sob pena de preclusão (precedentes do STJ e do STF)."***[61]

Tal entendimento tem o escopo de garantir a necessária **segurança jurídica aos atos processuais**, de forma que, caso não seja apresentada a irresignação em momento oportuno, presume-se a aquiescência das partes quanto à sua perfeição e legalidade.

In casu, conforme se verifica do acórdão e das peças processuais, **não há registro sobre eventual oposição do órgão acusatório ou de seu assistente no momento em que foi determinada a repetição da votação de um dos quesitos.**

---

[61] AgRg no AREsp 718.871/MT, Rel. Ministro SEBASTIÃO REIS JÚNIOR, SEXTA TURMA, julgado em 05/11/2015, *DJe* 24/11/2015.

Quedando-se inerte na ocasião em que se consumou o alegado vício, o assistente deixou **precluir** a oportunidade de discutir a questão, impedindo a arguição em sede recursal.

Neste caso específico dos autos, esta preclusão leva à **inadmissibilidade do recurso,** na medida em que a pretensão recursal **cinge-se à ocorrência do alegado vício.**

Esta peculiaridade afasta o interesse recursal do assistente, pois ele **deixou de atender um pressuposto processual**, consistente na prévia e oportuna oposição ao suposto vício ocorrido durante a assentada. Não há, a bem da verdade, **a necessária sucumbência,** que permite a oposição de recurso.

Então, se a pretensão está, desde já, fadada ao insucesso, não se afigura razoável o conhecimento do recurso e a onerosa remessa dos autos à instância superior, onde, fatalmente, será afastado o pleito recursal (**Princípio da Economia Processual**).

Em casos semelhantes ao presente, em que também se operou a preclusão lógica, o entendimento do **Eg. TJMG,** tribunal de origem, foi no sentido de que a questão é, sim, **preliminar** e leva ao **não conhecimento do recurso:**

> "***Opera-se a preclusão lógica quando o recorrente, no recurso, requer a alteração de decisão que acolhe posicionamento por ele externado. Recurso não conhecido.***" [62]
>
> ***PENAL E PROCESSO PENAL - AUSÊNCIA DE INTERESSE RECURSAL - PRECLUSÃO LÓGICA - OCORRÊNCIA - NÃO CONHECIMENTO. Opera-se a preclusão lógica quando o Ministério Público, no recurso, requer a alteração de decisão que acolhe posicionamento por ele externado.***[63]

Esse C. **STJ**, em caso similar, já entendeu que ***"o efeito lógico da preclusão é a convalidação do ato processual que porventura padeça de vício; ou seja, com a inércia defensiva, e a incidência do fenômeno da preclusão, considera-se sanada a irregularidade, não havendo necessidade de refazer o ato processual. Ademais, se não houve interesse em suscitar a nulidade num passado recente, não pode haver interesse em fazê-lo neste***

---

[62] Processo nº 1.0000.09.495619-0/001 - Des. José Antonino Baía Borges - *DJ* 30/11/2009.

[63] Processo nº 1.0000.09.496700-7/001 - Des. Beatriz Pinheiro Caires - *DJ* 17/08/2009.

momento, porquanto à parte é vedado adotar comportamentos contraditórios no curso do desenrolar processual".[64]

Então, esse C. Tribunal Superior deve esclarecer se a ausência de manifestação tempestiva a respeito do suposto vício (preclusão) impede o próprio conhecimento do recurso (pressuposto de admissibilidade) ou se, ao revés, gera-lhe o desprovimento no mérito.

Certamente será concluído que, diferente do que foi entendido pela d. Turma do Eg. **TJMG**, a ocorrência da preclusão lógica **impede a admissibilidade recursal**, não devendo ser aguardado o julgamento de mérito para sua apreciação.

4.3 Além disso, a ofensa aos arts. 271 e 598 CPP se dá porque o assistente sequer poderia recorrer autonomamente, independente da irresignação do d. parquet.

De fato, a Constituição Federal prevê, em seu **artigo 129, inciso I**, que cabe ao Ministério Público, privativamente, promover a ação penal pública. A atuação do assistente de acusação, por sua vez, está limitada a auxiliar a persecução criminal.

A respeito da legitimidade recursal autônoma do assistente, o **art. 598 CPP** realmente permite a interposição de recurso, ainda que o Ministério Público não o faça:

> ***"Art. 598. Nos crimes de competência do Tribunal do Júri, ou do juiz singular, se da sentença não for interposta apelação pelo Ministério Público no prazo legal, o ofendido ou qualquer das pessoas enumeradas no art. 31, ainda que não se tenha habilitado como assistente, poderá interpor apelação, que não terá, porém, efeito suspensivo."***

No entanto, o **art. 584 §1°** do mesmo diploma limita tal possibilidade às circunstâncias de sentença de impronúncia, extinção da punibilidade ou, ainda, sentença absolutória:

---

[64] AgRg no AGRAVO EM RECURSO ESPECIAL Nº 665.385 - PR (2015/0039719-2) – *DJ* 13/04/2015 – Min. MARIA THEREZA DE ASSIS MOURA.

> ***"§ 1º Ao recurso interposto de sentença de impronúncia ou no caso do no VIII do art. 581, aplicar-se-á o disposto nos arts. 596 e 598."***

E, no caso em apreço, **não se verifica nenhuma dessas hipóteses**, eis que o objeto recursal limita-se à discussão da validade da quesitação, ocorrida durante o tribunal do Júri.

Assim, ausente a oposição ministerial, não era mesmo possível conhecer da apelação oposta pelo assistente de acusação.

E, ao entender de forma diversa, houve evidente afronta aos **arts. 271, 584 §1° e 598 CPP.**

5. Do Pedido

À vista do exposto, pugna-se pela admissão do presente *apelo nobre*, devendo-se provê-lo, se não for para anular o acórdão dos embargos declaratórios, que seja para, desde já, negar provimento ao recurso em sentido estrito e manter a decisão *primeva* que não conheceu da apelação interposta pela recorrida.

P. j. aos autos.

B. Hte., outubro/2016.

Luiz Fernando Valladão Nogueira - OAB/MG 47.254
Lucila Carvalho Valladão Nogueira - OAB/MG 134.774

10.3 RECURSO ESPECIAL ELEITORAL

Exmo. Sr. Presidente do Egrégio Tribunal Regional Eleitoral.

XXXXXXXXXXXXXX, nos autos do presente processo em que impugnam a candidatura de *XXXXXXXXXXX*, vêm, respeitosamente, perante V. Exa., por seu procurador *in fine* assinado, irresignados com o v. acórdão de fls..., interpor o apropriado e tempestivo

Recurso especial,

o que fazem com fulcro no art. 276 I *a* e *c* do Código Eleitoral, bem como nas razões anexas.

Requerem, outrossim, seja admitido o recurso, e, posteriormente, remetido ao excelso Tribunal Superior Eleitoral, onde, por certo, haverá de receber o merecido provimento, para os fins declinados no arrazoado produzido.

Exmo. Sr. Presidente do TRE/MG
Excelso Tribunal Superior Eleitoral

1. Os fatos e o julgado recorrido

1.1 Os ora *rectes*, partindo de fatos notórios, documentos e de assertivas do próprio recdo, ajuizaram a impugnação da candidatura desse último ao cargo de Prefeito de...

1.2 A sentença, prolatada na *instância primeva*, reconheceu a desnecessidade de produção de provas, a despeito de solicitação expressa dos *rectes*, ao argumento que o "impugnado é semi-alfabetizado" (fl. 51).

Acresceu S. Exa., ainda em benefício do impugnado, que o mesmo "já foi Prefeito Municipal de...." (fl. 52).

1.3 O fato é que, submetida a referida decisão ao reexame pelo Tribunal Regional Eleitoral, o colegiado manteve o *desideratum* de que o impugnado seria elegível, inaceitando a tese recursal de nulidade do processo por cerceamento de defesa (vedação à produção de provas).

Assim é que, examinando o caso, restou ementado o aresto da seguinte forma:

Recurso. Registro de candidatura. Deferimento.

Alegação de nulidade da sentença por cerceamento de defesa, em razão da não realização de teste de alfabetização.

A realização do referido teste situa-se no âmbito do livre-arbítrio do julgador, não sendo obrigatório.

Comprovação de ser o impugnado alfabetizado.

2. Malferimento às normas legais. Fatos incontroversos

2.1 Inquestionavelmente, *data venia*, o presente *especial* há de ser admitido e provido, porque se configura, às escâncaras, ofensa ao contido nos arts. 5º *caput* e parágrafos e 7º parágrafo único da Lei Complementar 64/90, o mesmo acontecendo com o art. 330 do Código Instrumental.

2.2 Com efeito, o julgamento antecipado da lide, *in casu*, foi medida precipitada e infeliz.

2.2.1 Ora, não é mister que se volte ao quadro fático da pendenga a fim de que se conclua haver, se não a certeza, ao menos sérias dúvidas quanto à condição do impugnado de alfabetizado.

Isso porque é o próprio recdo, em peça de fl. 41, humildemente, quem preconiza que "sabe contar e tem domínio total sobre os números".

Convenhamos, à luz da exigência constitucional, saber contar os números é muito pouco, de tal arte que, se não fosse a hipótese de indeferimento imediato da candidatura, ao menos dever-se-ia melhor deslindar essa dúvida razoável.

2.2.2 E, em assim sendo, melhor faria a ilustre Juíza de 1o grau se, atenta à norma do § 2º art. 5º Lei Complementar 64/90, procedesse a uma diligência que fosse hábil a apurar o grau de alfabetismo do impugnado.

Não agindo assim, S. Exa. prejudicou o amplo direito de produção de provas assegurado aos *rectes*. Por haver endossado essa conduta, o Tribunal Recorrido, *concessa venia*, também incorreu em erro.

Não se olvide que, conforme entendimento do próprio TSE, que se extrai da ementa do julgamento do Recurso Especial 10.567-SE, relator Ministro Américo Luz, publicado na sessão de 28.09.92, prevalece a tese ora advogada:

> ELEIÇÕES MUNICIPAIS DE 1992. CANDIDATO A VEREADOR. REGISTRO DE CANDIDATOS. ANALFABETISMO. INDEFERIMENTO.
>
> Inelegibilidade: Art. 14 § 4º, da CF c/c o art. 1º, I, *a* da Lei Complementar n. 64/90.
>
> O entendimento desta Corte tem sido no sentido de que a diligência Judicial visando apurar grau de escolaridade do candidato é legítima, constituindo matéria de fato que não se discute na sede do recurso especial (precedentes Acórdãos ns. 11.577/92, 11.630/92, 11.582).

2.2.3 Nem vale, outrossim, sustentar, como feito pelo digno relator do aresto objurgado, que

> "embora a jurisprudência venha considerando possível a aplicação do referido teste, não há nenhuma norma legal que obrigue a sua realização. É medida que deve ser tomada apenas quando o juiz não se convence, diante dos elementos dos autos, que o postulante a candidato é alfabetizado".

Não é bem assim!

O princípio do livre convencimento do juiz, ao que se sabe, não dispensa a discricionariedade, estando submetido, como é curial, à censura pela instância superior. Atribuir-se ao condutor do processo, em 1º Grau de jurisdição, poder absoluto sobre a realização de provas, é transformar discricionariedade em arbitrariedade.

Se, *in casu*, os indícios de que o recdo é analfabeto são veementes, há de prevalecer o direito da parte em produzir a prova técnica ou o próprio teste perante o Juiz Eleitoral.

Realmente, preconiza o Superior Tribunal de Justiça que,

> "evidenciando-se a necessidade de produção de provas, pelas quais, aliás, protestou o autor, ainda que genericamente, constitui cerceamento de defesa o julgamento antecipado da lide, fundado exatamente na falta de prova do alegado na inicial" (REsp 7.267-RS, rel. Min. Eduardo Ribeiro, *DJU* 08.04.91).

Nessa linha de raciocínio, não é crível que o v. acórdão recorrido aponte a ausência de elementos sobre o analfabetismo do recdo, se esse mesmo julgado, contraditoriamente, negou à parte interessada o direito de fazer a correlata prova.

Colacione-se, por oportuno, até mesmo para configurar a divergência jurisprudencial, o seguinte aresto do TSE:

> "Não se convencendo o juiz, com base nos elementos dos autos, de que o pretendente a registro de candidatura atende ao requisito constitucional de ser alfabetizado, possível é a realização do teste. O não comparecimento a esse conduzirá a que a decisão seja tomada tendo em vista as demais provas" (REE 13.898-SP).

2.2.4 Para arrematar, cabe dizer que é improcedente o raciocínio do aresto profligado, de que a circunstância de o impugnado haver ocupado cargo eleitoral anteriormente faz presumir que não seja analfabeto.

Data venia, um erro não pode perpetuar-se, sendo certo que, a teor do princípio dispositivo (art. 2o CPC), cabe ao Judiciário se manifestar, casuisticamente, sobre a impugnação que, em específico momento, é-lhe apresentada pelo interessado que não quis se fazer inerte.

O que é defeso fazer, isto sim, é *supor* que determinado indivíduo, por haver ocupado o cargo público sem que sua candidatura à época fosse impugnada, goze de presunção de alfabetização, ainda mais em um caso como o presente, em que o próprio recdo faz um esforço hercúleo para mostrar que, ao menos, sabe lidar com os números (!!).

Volvendo a precedentes do destinatário desse *apelo nobre*, vale registrar o que foi julgado no REE 13.069-SP, contrariamente ao entendimento do acórdão recorrido. Confira-se:

> "Inelegibilidade – analfabetismo. Não se admite o registro de candidato que, *embora já tenha ocupado a vereança*, declarou-se analfabeto, *não tendo sucesso na prova a que se submeteu, na presença do juiz*. É inelegível para qualquer cargo o analfabeto (CF, art. 14, § 4o e LC 64/90, art. 1o I)" (destacamos).

Anote-se, ainda, o posicionamento ministerial em 2° Grau:

> "20. Em suas razões de decidir, a MMa. Juíza considerou que o impugnado seria semi-alfabetizado, simplesmente porque sabe ele escrever o seu nome e porque já fora Prefeito Municipal. Ora, tal presunção é cabalmente equivocada, pois não a aproveita o fato de ser o recorrido ocupante de cargo eletivo, como decidiu o TSE no REsp 13.216-TO, relator Min. EDUARDO RIBEIRO, publicado na sessão de 23.09.96, bem como no REsp 13.069-SP, relator Min. NILSON NAVES, publicado na sessão de 16.09.96).

> 21. Naquele recurso, o acórdão regional estabelecia que 'se uma pessoa recebe seguido apoio popular e é, consequentemente, reconduzida a cargo eletivo, evidentemente não será a Justiça Eleitoral que dirá que essa pessoa não está preparada para exercê-lo'. Em seu voto, de maneira sucinta e definitiva, assim se pronunciou o Ministro Relator EDUARDO RIBEIRO:
>
> 'Com a devida vênia, a admitir-se tal argumento se haveria de colocar abaixo o rol completo de inelegibilidades. O povo, de quem emana todo o poder, decidiria sem restrições. Não é a Justiça Eleitoral, mas a Constituição e a lei complementar, por aquela autorizada, quem estabelece quem pode ser eleito. Ao Judiciário cabe velar pela sua observância.'"

3. Em sede de conclusão

Em observância ao contraditório e ao direito de ampla defesa, e para que se supere uma celeuma fática, impõe-se seja feita a diligência ora reclamada. Vale dizer, o presente recurso deve implicar a anulação do processo, a fim de que a instrução, tal como pedido no recurso ordinário, seja completa, inclusive com submissão do recdo a "testes de leitura e redação".

Ao exposto, pugna-se pela admissão e provimento do presente *apelo derradeiro*, a fim de que, cassando-se o v. acórdão, reste anulado o processo, com a determinação de que a instrução do processo seja realizada, nos termos do art. 5° da Lei Complementar 64/90, com a feitura, inclusive, de testes que aquilatem, dentro do contraditório, o grau de alfabetização do recdo.

Belo Horizonte, ...

Luiz Fernando Valladão Nogueira - Adv. OAB/MG 47.254

10.4 AGRAVO PARA O STJ EM PROCESSO CÍVEL

EXMO. SR. DESEMB. 3º VICE-PRESIDENTE DO EGRÉGIO TRIBUNAL DE JUSTIÇA DE MINAS GERAIS.

REsp nº

2º CAROT

- ***PRELIMINAR DE NULIDADE DA DECISÃO (ART. 489, §1º, DO NCPC)***
- ***NO MÉRITO, RISCO DE OFENSA À COISA JULGADA (ART. 505 DO NCPC)***

XXXXXXXX, já qualificado nos autos do presente processo, no qual contende com XXXXXXXX, vem, respeitosamente, perante V. Exa., por seus procuradores *in fine* assinados, irresignado com a r. decisão fls. 2.489/2.489-v, a qual inadmitiu o Recurso Especial que interpôs, aviar o apropriado e tempestivo ***AGRAVO***, o que faz com fincas no **art. 1.042 do Novo Código de Processo Civil** e nas razões adiante produzidas.

Requer, outrossim, o recebimento do presente recurso, e, posteriormente, o encaminhamento dos autos ao excelso **Superior Tribunal de Justiça**, onde, por certo, receberá o merecido provimento, para os fins declinados no arrazoado produzido.

EXMO. SR. MINISTRO RELATOR NO C. STJ

1. Inicialmente, cumpre mencionar que a decisão monocrática ora agravada fora publicada no dia 09/09/2016, sexta-feira, de modo que o prazo de 15 dias úteis para a interposição do presente recurso (**art. 1.003, §5º, c/c art. 219 do Novo CPC**) iniciou-se em 12/09/2016, segunda-feira, findando-se apenas em **30/09/2016, sexta-feira**, sendo, portanto, **TEMPESTIVO O PRESENTE RECURSO.**

2. Em apertada síntese, trata-se de Agravo contra decisão proferida pelo Il. Terceiro Vice-Presidente do Eg. TJMG negando seguimento ao Recurso Especial aviado pelo ora agravante, sob os argumentos de que: (i) quanto à preliminar de prestação jurisdicional incompleta, não teria a d. Turma Julgadora incorrido em qualquer omissão ou erro material in casu; e, (ii) quanto aos temas de mérito, que o enfrentamento das questões suscitadas pelo recorrente esbarraria no óbice da Súmula 07/STJ.

Rogando-se, desde já, a devida vênia, demonstrar-se-á, de plano, que A DECISÃO ORA AGRAVADA É NULA POR AUSÊNCIA DE FUNDAMENTAÇÃO, eis que incorre flagrantemente nas hipóteses do art. 489, §1º, incisos II, III e V, do Novo CPC.

E, se for superado tal óbice, o que se diz por amor ao debate, será evidenciado ainda as razões postas na decisão monocrática recorrida são absolutamente equivocadas, merecendo o apelo Especial, ao contrário do que decidido pelo Il. Juízo a quo, ser conhecido e provido por esse c. Superior Tribunal de Justiça, nos termos das razões a seguir aduzidas.

3. Preliminarmente, basta uma rápida leitura do decisório agravado para se aferir que ela negou seguimento ao Especial aviado pelo ora recorrente por dois argumentos, os quais pede-se venia para transcrever integralmente:

- "A alegada nulidade do julgado não dá sustentação ao especial, uma vez que todas as questões suscitadas foram devidamente enfrentadas e decididas pelo aresto. In casu, não há falar em omissão e erro material, não se vislumbrando no aresto objurgado os vícios apontados, mas, tão somente, decisão contrária aos interesses da parte" ***(fl. 2.489);***
- "A análise das supostas violações legais com o fim de reforma do julgado demandaria um novo juízo cognitivo acerca das bases fático-probatórias das questões jurídicas ora invocadas, sendo que, para a reforma do acórdão, seria necessário proceder ao reexame dos fatos e provas dos autos, providência que não se amolda aos estreitos limites do recurso especial, a teor da orientação contida no verbete nº 7 da Súmula do Tribunal de Destino". ***(fl. 2.489)***

A genericidade da decisão é espantosa:

A FUNDAMENTAÇÃO DA DECISÃO QUE REJEITOU O RESP NÃO ABORDOU, EM NENHUM MOMENTO, OS ARGUMENTOS TRAZIDOS NO PRÓPRIO ESPECIAL OU NA DECISÃO POR ELE ENFRENTADA!

Ora, no recurso obstado fora construída ampla tese acerca da ocorrência de prestação jurisdicional incompleta, por meio da qual se demonstrou a ocorrência de um gravíssimo erro material no acórdão objurgado, bem como o fato de que o mesmo não teceu uma palavra sequer a respeito de duas teses substanciais que poderiam alterar o resultado da demanda, incorrendo, pois, em notórias omissões.

E, para justificar não seguimento do Especial, a decisão ora agravada limitou-se a dizer, genericamente, que "todas as questões suscitadas foram devidamente enfrentadas e decididas pelo aresto" (fl. 2.489). Apenas isso!

Não se demonstrou onde, no acórdão atacado pelo Especial, estariam os tais argumentos suficientes para responder as questões suscitadas. Não se demonstrou, da mesma forma, algum motivo que justificasse o não enfrentamento, pelo Tribunal, das teses que foram suscitadas e notoriamente não foram respondidas.

Nenhuma explicação fora atinente ao caso concreto fora dada. Disse-se somente que "todas as questões suscitadas foram devidamente enfrentadas e decididas pelo aresto" (fl. 2.489), fundamento que pode ser utilizado, e vem sendo utilizado ipsis litteris pelo Eg. TJMG, PARA REJEITAR TODO E QUALQUER RECURSO ESPECIAL, NÃO IMPORTA O TEMA NELE TRATADO OU AS CIRCUNSTÂNCIAS DE SUA OPOSIÇÃO!

Da mesma forma, porém com consequências ainda mais graves, a decisão ora agravada entendeu por bem não conhecer do Especial por nenhuma de suas razões de mérito, refutando todas elas com o argumento de que "a análise das supostas violações legais com o fim de reforma do julgado demandaria um novo juízo cognitivo acerca das bases fático-probatórias das questões jurídicas ora invocadas, sendo que, para a reforma do acórdão, seria necessário proceder ao reexame dos fatos e provas dos autos" (fl. 2.489).

Mais uma vez, a fundamentação da decisão não se reportou ao caso concreto. Não se disse nada sobre o tema do recurso, ou sobre as razões específicas que foram postas pelo recorrente. Nada se disse sobre a ampla argumentação do ora agravante, a qual, de forma expressa, demonstrou não incidir a Súmula 07 do STJ sobre o caso em apreço.

Em síntese, não fora explicado o porquê de, nesse caso específico, ser (no entender do Il. Julgador) necessário o revolvimento do acervo fático-probatório, de modo que, também quanto ao mérito, OS FUNDAMENTOS DA DECISÃO ORA AGRAVADA SERVIRIAM PARA REJEITAR TODO E QUALQUER RECURSO.

O Novo Código de Processo Civil, vigente no momento da prolação da decisão e, portanto, a ela já aplicável, não confere validade a decisões desse jaez. Confira-se o art. 489, §1º, do NCPC:

> Art. 489, §1º, do NCPC – NÃO SE CONSIDERA FUNDAMENTADA QUALQUER DECISÃO JUDICIAL, seja ela interlocutória, sentença ou acórdão, que:
>
> II – EMPREGAR CONCEITOS JURÍDICOS INDETERMINADOS, SEM EXPLICAR O MOTIVO CONCRETO DE SUA INCIDÊNCIA NO CASO;
>
> III – INVOCAR MOTIVOS QUE SE PRESTARIAM A JUSTIFICAR QUALQUER OUTRA DECISÃO;
>
> V – SE LIMITAR A INVOCAR PRECEDENTE OU ENUNCIADO DE SÚMULA, SEM IDENTIFICAR SEUS FUNDAMENTOS DETERMINANTES NEM DEMONSTRAR QUE O CASO SOB JULGAMENTO SE AJUSTA ÀQUELES FUNDAMENTOS;

A incidência dos incisos II, III e V do art. 489, §1º, do Novo CPC ao caso presente é gritante:

- Ao entender que o acórdão recorrido estaria devidamente fundamentado, bem como que as temáticas de mérito postas no Especial demandariam a revisão de provas, sem, contudo, explicitar o porquê de tal entendimento no caso concreto, nitidamente a decisão agravada empregou conceitos jurídicos indeterminados, sem explicar o motivo concreto de sua incidência no caso (Art. 489, §1º, I, do NCPC);
- Por sua vez, ao não fazer qualquer remissão às razões postas no recurso obstado, bem como às razões do acórdão por ele atacado, não demonstrando os trechos do julgado que supririam as omissões apontadas ou as questões do Especial que demandariam a revisão da prova, a decisão agravada, de tão genérica e rasa, poderia ser utilizada para rejeitar qualquer recurso, tendo invocado, portanto, motivos que se prestariam a justificar qualquer outra decisão ***(Art. 489, §1º, I, do NCPC);***

- **Ainda, ao aplicar a Súmula 07 do STJ para rejeitar o Especial quanto ao seu mérito sem, contudo, demonstrar minimamente em quê as razões trazidas pelo recorrente demandariam a análise do acervo fático-probatório dos autos, a decisão agravada** limitou-se a invocar enunciado de súmula, sem identificar seus fundamentos determinantes nem demonstrar que o caso sob julgamento se ajusta àqueles fundamentos ***(Art. 489, §1º, V, do NCPC).***

Sendo, pois, carente de fundamentação a decisão agravada, nos termos do art. 489, §1º, incisos II, III e V do Novo CPC, deve ser conhecido e provido o presente Agravo para declarar a NULIDADE DA DECISÃO RECORRIDA, devolvendo-se os autos ao Eg. TJMG para que outro Juízo de Admissibilidade seja proferido para o Especial em testilha, só que de forma fundamentada e específica para o caso concreto.

4. Se superada a preliminar, o que se diz pela eventualidade, faz-se imprescindível a reforma da decisão agravada e o conhecimento do Recurso Especial, não só porque este preencheu todos os requisitos para sua admissibilidade, conforme se demonstrará adiante, mas, sobretudo, porque o caso em apreço envolve, em seu mérito, gravíssima questão jurídica, acerca do RISCO DE VIOLAÇÃO DA COISA JULGADA!

4.1. Entendeu o n. Julgador monocrático, como já transcrito nessa peça recursal, que "a alegada nulidade do julgado não dá sustentação ao especial, uma vez que todas as questões suscitadas foram devidamente enfrentadas e decididas pelo aresto", de modo que "in casu, não há falar em omissão e erro material, não se vislumbrando no aresto objurgado os vícios apontados, mas, tão somente, decisão contrária aos interesses da parte" (fl. 2.489)

Analisando-se detidamente os autos, não há como sustentar tal entendimento.

Como bem demonstrado no Especial, duas questões devidamente arguidas a tempo e modo pelo ora recorrente passaram in albis pelo crivo da d. Turma Julgadora, NÃO TENDO SIDO TECIDA NENHUMA PALAVRA A RESPEITO DAS MESMAS:

- Ocorrência de Novação da Dívida: a dívida que originou a constrição objeto do feito, oriunda de uma CPR a ser paga mediante entrega do produto agrícola nela especificado, fora substituída por outra dívida derivada de um acordo entabulado em juízo pelas partes, a ser paga mediante cheque, motivo pelo qual teria ocorrido a novação da dívida e, nos termos do art. 364 do CC/2002, perecido a garantia hipotecária que justificou a constrição;

- Violação ao Princípio da Confiança: o ora recorrente adquiriu os imóveis constritos, sobre os quais recaia garantia hipotecária (no bojo da Ação de Arrolamento de Bens do devedor originário da CPR) mediante autorização judicial expedida pelo Juízo da comarca de XXXXXX justamente para o fim de saldar a dívida garantida pelos imóveis, de modo que, tendo o próprio Juízo, agente do Estado, assegurado ao ora recorrente que a dívida seria saldada pelo valor da compra, não poderia agora prevalecer a garantia hipotecária em prejuízo deste último, que apenas fez confiar em um ato emanado do Poder Judiciário.

As teses são relevantes e não poderiam ter passado em brancas nuvens pela jurisdição do Eg. TJMG, ainda que arguídas tardiamente no processo, em sede de memoriais (devidamente juntados aos autos às fls. 2.237/2.246) e sustentação oral.

Até mesmo porque, sabe-se que a sustentação oral é um ato processual legalmente previsto, insculpido no art. 554 do CPC/73 então vigente, motivo pelo qual as razões arguidas pelas partes da Tribuna devem ser devidamente enfrentadas pelo Juízo, sob pena de se transformar um dos mais e importantes expedientes processuais, que é a sessão pública de julgamento com garantia de manifestação das partes, em mero teatro sem valor formal.

Por essa razão, inclusive, foi que o recorrente fez pedido expresso, em sede aclaratória (fls. 2.346/2.362), para que fossem juntadas aos autos as notas taquigráficas do julgamento do recurso apelatório, para que as razões sustentadas oralmente passassem a integrar formalmente os autos e fossem enfrentadas pela d. Turma, sanando-se as omissões ventiladas.

Tal pedido, no entanto, NUNCA FORA APRECIADO!

Note-se que as teses omitidas pelo Tribunal a quo possuem o condão de modificar completamente o resultado da demanda, eis que, acolhendo-se uma ou outra, não subsistiria a garantia hipotecária que deu azo à constrição dos imóveis do recorrente, fato que conduziria à procedência dos Embargos de Terceiro sub judice.

Desse modo, tem-se que, ao contrário do que decidido pelo Il. Julgador Monocrático, as omissões não só ocorreram como foram determinantes para o deslinde da lide.

Pior, além das omissões, o Eg. TJMG cometeu ainda grave ERRO MATERIAL, ao simplesmente desconsiderar a existência de três (sim, três!) decisões judiciais confirmando a homologação e o adimplemento de acordo entre as partes da execução originária, fato que extinguiu o débito e, também, a hipoteca que o garantia.

A mais cristalina dessas decisões judiciais, bom que se esclareça, fora acostada aos Embargos Declaratórios fls. fls. 2.346/2.362 apenas para chamar a atenção da d. Turma Julgadora para o Erro Material que vinha cometendo, MAS JÁ SE ENCONTRAVA PRESENTE NOS AUTOS DESDE O MOMENTO EM QUE SE DETERMINOU O APENSAMENTO DAS EXECUÇÕES AOS EMBARGOS DE TECEIRO, por ordem do Em. Des. Relator às fls. 2.166.

Tal ordem de apensamento, como se pode ver do referido decisório de fl. 2.166, deu-se justamente para se apurar a "existência de indícios de violação da coisa julgada", de modo que, se já naquela ocasião tivesse a d. Turma analisado o feito com mais acuidade, teria localizado o decisório que confirma: (i) a existência de acordo homologado entre exequente e executado acerca do débito da CPR; (ii) o cumprimento do acordo pelo executado; (iii) a existência de coisa julgada acerca da referida dívida; (iv) a impossibilidade de ajuizamento de nova execução da referida CPR; e, (v) o perecimento da garantia hipotecária que justificou a constrição dos imóveis do recorrente.

Eis, novamente, tal decisão[65]:

[65] "Vistos, etc. O acordo celebrado e homologado nos autos de nº 2232/01 engloba todas as questões abordadas nestes e nos outros autos em apenso. Anote que a obrigação alhures assumida já foi integralmente cumprida. Assim, determino o arquivamento de todos os autos, com baixa na distribuição. Cumpra-se."

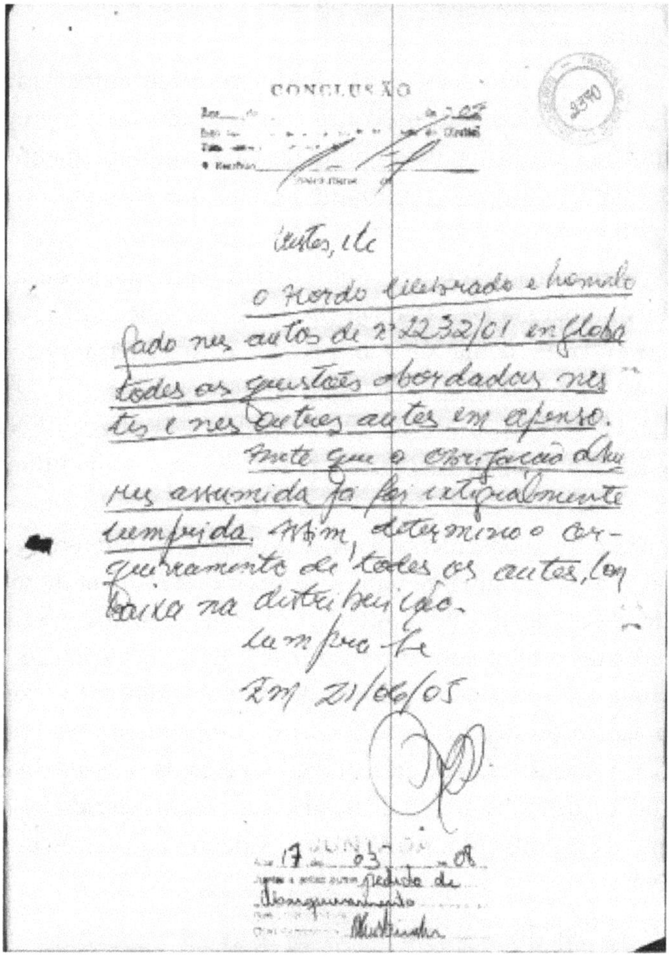
CONCLUSÃO

Vistos, etc.

O acordo celebrado e homologado nos autos de nº 2232/01 engloba todas as questões abordadas nestes e nos outros autos em apenso.

Note que a obrigação dos réus assumida foi integralmente cumprida. Assim, determino o arquivamento de todos os autos, com baixa na distribuição.

Cumpra-se.

Em 21/06/05

É evidente, portanto, o <u>ERRO MATERIAL</u> cometido pela d. Turma ao afirmar que o acordo entabulado pelas partes sobre o débito principal "sequer foi homologado pelo juiz, o que afasta a alegação de coisa julgada", ao passo que "o segundo acordo, devidamente homologado (no valor de R$ 95.000,00), foi realizado pela XXXXXXXX, com pessoas físicas (advogados) que sequer fazem parte destes embargos de terceiro", supostamente não se referindo, portanto, ao débito exequendo.

Os vícios são palmares e deveriam ter sido corridos a tempo e modo, quando suscitados pela via aclaratória!

Não tendo sido esta a conduta da d. Turma a quo, que incorreu no que se usualmente chama de RECALCITRÂNCIA, merece conhecimento e provimento o Recurso Especial obstado no que diz respeito à tese de ofensa aos arts. 128, 165, 458, II, 535, I e 554 do CPC/73, ante a flagrante prestação jurisdicional dada ao caso pelo Eg. TJMG.

Por conseguinte, merece ser reformada a decisão ora agravada.

4.2. Noutro giro, afirmou o n. Vice-Presidente do Eg. TJMG que, com relação aos temas de mérito do Especial, "a análise das supostas violações legais com o fim de reforma do julgado demandaria um novo juízo cognitivo acerca das bases fático-probatórias das questões jurídicas ora invocadas, sendo que, para a reforma do acórdão, seria necessário proceder ao reexame dos fatos e provas dos autos, providência que não se amolda aos estreitos limites do recurso especial, a teor da orientação contida no verbete nº 7 da Súmula do Tribunal de Destino". (fl. 2.489)

Razão não lhe assiste.

É que tanto a questão da novação da dívida quanto a tese de ofensa ao Princípio da Confiança podem ser facilmente depreendidas da moldura fática traçada soberanamente pelas instâncias ordinárias, fato que destaca para a análise do c. STJ tão somente a interpretação jurídica dos fatos incontroversos, viabilizando-se o trânsito do Especial.

Observe-se que, quanto à Novação da Dívida, foi destacado pelo Especial obstado que O PRÓPRIO ACÓRDÃO RECORRIDO AFIRMOU que existe nos autos "um 'termo de audiência' realizada no dia 19/07/2001, nos autos de uma medida cautelar de arresto movida pela FERTILIZANTES MITSUI S.A., contra HENRIQUE RESENDE DE ARAÚJO, ANTÔNIO LUIS MOREIRA ARAÚJO e VERA BEATRIZ RESENDE ARAÚJO, em que as partes transacionaram um débito no valor de R$ 250.000,00 (duzentos e cinqüenta mil reais). Naquela oportunidade não houve a homologação do acordo, mas tão somente uma determinação de SUSPENSÃO do processo "até o pagamento do valor descrito no cheque entregue pelos réus à Autora nesta data". Ali o d. magistrado determinou mais que a empresa autora noticiasse ao Juiz o cumprimento do acordo, para ser ele homologado".

Ou seja: a existência acerca da transação sobre o débito principal, com modificação da condição de pagamento preexistente, É FATO INCONTROVERSO, devidamente consolidado pelas próprias instâncias ordinárias.

Por sua vez, apurar se isso se enquadra no conceito jurídico de Novação de Dívida, bem como se essa novação extingue ou não a garantia hipotecária, é tema estritamente de Direito, questão jurídica que pode e deve ser analisada pelo c. STJ à luz dos arts. 360 e seguintes do CC/2002.

Já com relação à questão atinente à ofensa ao Princípio da Confiança, também se fez constar no Especial que o próprio acórdão recorrido afirmou que "a pretensão do embargante de esclarecer que o alvará foi expedido com o exclusivo fim de viabilizar o pagamento do crédito exeqüendo pelo devedor originário, em nada alterará o resultado do julgamento. É discussão irrelevante para o desfecho da lide", eis que "o direito real da hipoteca gravado sobre os bens imóveis e o direito de seqüela, consectário daquele direito real, são imutáveis, em face da expedição de um mero alvará judicial".

Mais uma vez, é notório ter se tornado incontroverso, eis que consolidado pelas instâncias ordinárias, que os imóveis alvos da constrição foram adquiridos pelo embargante de terceiro, ora recorrente, mediante autorização judicial expedida justamente com o fim de quitar a dívida garantida pela hipoteca que sobre eles recaia.

Assim, resta ao c. STJ fazer o juízo valorativo entre as regras que regem a garantia hipotecária e o Princípio da Confiança nos atos judiciais, sendo este sopesamento questão notoriamente jurídica, a qual possui relevância inclusive para fins de uniformização de jurisprudência.

Inegável, portanto, que não incide no caso presente a Súmula 07 do c. STJ, merecendo a decisão ora agravada ser integralmente reformada, e o Recurso especial por ela obstado, por consequência, conhecido e provido pelo Tribunal da Cidadania.

4.3. Por fim, merece destaque especial a gravidade do tema tratado no item 3.1 do Especial, o qual desafia a intervenção do c. STJ para proteger um dos institutos basilares do sistema processual pátrio, qual seja, A COISA JULGADA!

Conforme amplamente explicitado no Especial, a constrição que recaiu sobre os bens do Embargante de Terceiro, ora recorrente, deriva da execução judicial de uma CPR firmada entre a recorrida e anterior proprietário dos imóveis.

Acontece que, antes de proposta tal execução, fora ajuizada pela exequente uma Medida Cautelar de Arresto, no bojo da qual as partes, exequente e executado, firmaram judicialmente um acordo sobre o débito principal, o qual, se homologado e transitado em julgado, teria o condão de atrair para o caso a coisa julgada material, impossibilitando o ajuizamento de novas execuções sobre o mesmo débito.

O TJMG, defronte tais fatos, reconheceu, como já dito, a existência desse acordo, afirmando que "um 'termo de audiência' realizada no dia 19/07/2001, nos autos de uma medida cautelar de arresto movida pela XXXXXXX, contra XXXXXXXXXXX, em que as partes transacionaram um débito no valor de R$ 250.000,00 (duzentos e cinqüenta mil reais)".

Não obstante, entendeu que "não houve a homologação do acordo, mas tão somente uma determinação de SUSPENSÃO do processo 'até o pagamento do valor descrito no cheque entregue pelos réus à Autora nesta data'", vindo a afirmar, em outro momento, que o acordo entabulado pelas partes sobre o débito principal "sequer foi homologado pelo juiz, o que afasta a alegação de coisa julgada".

Ainda, afirmou a Corte a quo que o único acordo homologado pelo Juízo, em outro processo (autos 2232/01), "foi realizado pela XXXXXXXXXXX, com pessoas físicas (advogados) que sequer fazem parte destes embargos de terceiro", razão pela qual nada implicaria no que diz respeito à possível incidência de coisa julgada in casu.

Trocando em miúdos, o Eg. TJMG reconheceu a existência do acordo sobre o débito principal, mas não sua homologação, tendo entendido que a sentença homologatória proferida nos autos 2232/01 se restringiria a um acordo de honorários, e não sobre a própria CPR, motivo pelo qual afastou a incidência da Coisa Julgada.

Ocorre que, nos termos já afirmados supra, o próprio Juízo primevo, responsável pela homologação do acordo, exarou decisão cristalina na própria medida cautelar de arresto em que firmado o acordo sobre o débito principal, afirmando que o mesmo fora homologado, cumprido e que extinguiu toda a relação jurídica entre as partes.

Transcreve-se novamente a decisão, PROFERIDA NO BOJO DA MEDIDA CAUTELAR DE ARRESTO, cuja cópia fora acostada à fl. 2.370 dos autos e já reproduzida neste recurso:

> "Vistos, etc. O ACORDO CELEBRADO E HOMOLOGADO NOS AUTOS DE Nº 2232/01 ENGLOBA TODAS AS QUESTÕES ABORDADAS NESTES E NOS OUTROS AUTOS EM APENSO. ANOTE QUE A OBRIGAÇÃO ALHURES ASSUMIDA JÁ FOI INTEGRALMENTE CUMPRIDA. Assim, determino o arquivamento de todos os autos, com baixa na distribuição. Cumpra-se".

É inequívoco, portanto, que o acordo sobre o débito principal fora homologado e adimplido, tendo sido tal fato reconhecido expressamente pelo Juízo primevo.

Incide, pois, a COISA JULGADA!

Se o débito principal já fora objeto de acordo devidamente homologado, não poderia, evidentemente, ter sido ajuizada outra execução a respeito da mesma dívida, eis que, nos termos do art. 471 do CPC/73, então vigente, "nenhum juiz decidirá novamente as questões já decididas, relativas à mesma lide", comando este reeditado pelo art. 505 do NCPC.

E, se não era possível o ajuizamento de nova execução da CPR, eis que esta já havia sido objeto de acordo homologado e cumprido, duas são as consequências obvias para o presente processo:

- Se não poderia ser sequer ajuizada a execução, ante a existência de coisa julgada material, não subsistem as constrições feitas em seu bojo;
- Se adimplido o débito principal, pereceu a garantia hipotecária que o assegurava, sendo, também por este motivo, inadequadas as constrições judiciais sobre os bens do recorrente.

Observe-se que, como bem destacado pelo Especial obstado, para o enfrentamento de tais questões não é necessário o revolvimento do acervo probatório, eis que, para aferir tudo o que aqui fora sustentado, basta compulsar a decisão judicial de fl. 2.370, eis que as demais circunstâncias fáticas já foram devidamente assentadas pelas próprias instâncias ordinárias.

E, vale lembrar que, segundo a jurisprudência desse c. STJ, a simples análise de peça processual não obsta o conhecimento do especial pela

Súmula 07/STJ[66], razão pela qual o c. Tribunal de Destino não só pode, mais deve enfrentar a questão da incidência de Coisa Julgada *in casu*.

Nunca é demais repisar, inclusive, que a Coisa Julgada é matéria de ordem pública, cognoscível de ofício em todo e qualquer grau de jurisdição (art. 485, inciso V c/c §3º, do Novo CPC), o que se justifica, inclusive, pela importância do instituto para a ordem processual vigente.

Com efeito, o instituto da Coisa Julgada encontra-se umbilicalmente vinculado à própria Segurança Jurídica, assegurada constitucionalmente pelo art. 5º, XXXVI, da CRFB/88, tratando-se de verdadeira garantia processual que não pode ser flexibilizada ou vulnerada sem o devido debate de índole social e constitucional.

Nesses termos, não pode o c. Superior Tribunal de Justiça, em seu papel constitucional de guardião da Legislação Federal, compactuar com a inobservância de regra que, se relegada ao decisionismo e ao casuísmo, poderá conduzir não só a uma injustiça no caso concreto, mas à ruptura de todo o sistema processual.

Desse modo, ante a gravidade da questão sub judice, deve o Tribunal da Cidadania intervir para assegurar o respeito à Coisa Julgada, o que, in casu, conduzirá ao provimento dos Embargos de Terceiro e à liberação dos imóveis pertencente ao recorrente.

Para tanto, faz-se necessário o conhecimento e provimento do Especial obstado, mediante a reforma da decisão agravada.

5. Tendo em vista todo o exposto, o recorrente pede e espera o provimento do presente Agravo, a fim de que seja conhecido e processado o Recurso Especial obstado.

P. j. aos autos e deferimento

Belo Horizonte, Setembro de 2016.

Luiz Fernando Valladão Nogueira - OAB/MG 47.254

Fernando Gualberto Scalioni - OAB/MG 151.700

---

66 Nesse sentido, AgRg no AREsp nº 385.118/SP, Rel. Min. Maria Isabel Gallotti, *DJe*: 28/11/2014.

10.5 AGRAVO PARA O STJ EM PROCESSO CRIMINAL

Exmo. Sr. Desembargador 3º Vice-Presidente do Egrégio Tribunal de Justiça de Minas Gerais.

Recurso Especial nº

Comarca:

1º CAROT - TJMG - URG

XXXXX e XXXXX, já qualificados nos autos do processo em epígrafe, no qual contendem com XXXXX, vêm, respeitosamente, perante V. Exa., por seus procuradores in fine assinados, irresignados com a respeitável decisão de fls. 583/583v., que inadmitiu o recurso especial interposto, aviar o apropriado e tempestivo (dies a quo: - dies ad quem:) AGRAVO, o que fazem com fincas no art. 1.042, CPC/15, aplicado subsidiariamente (art. 3º, CPP) e nas razões adiante produzidas.

Requer, após os trâmites legais, que o recurso seja remetido ao excelso Superior Tribunal de Justiça, onde, por certo, receberá o merecido provimento.

Exmo. Sr. Ministro Relator no Superior Tribunal de Justiça

1. Eis os fatos:

> - trata-se de Ação Penal consubstanciada na Denúncia oferecida pelo Ministério Público do Estado de Minas Gerais em face dos réus XXXXXX, acusados de terem praticado a conduta descrita no art. 121, §2º, I, III e IV;
>
> - o ilustre julgador da instância a quo considerou a presença da autoria e da materialidade do delito e pronunciou os acusados, para que sejam julgados pelo Tribunal do Júri;
>
> - os acusados XXXXXXX interpuseram recurso em sentido estrito, submetendo ao Tribunal a análise sobre a possibilidade de absolvição sumária, impronúncia ou afastamento das qualificadoras (paga ou promessa de recompensa, meio cruel e emboscada);

- a Turma Julgadora deu parcial provimento ao recurso, apenas para afastar a qualificadora de paga ou promessa de recompensa em relação ao réu XXXXXXX, considerado mandante do crime, por inexistir comunicabilidade desta circunstância entre mandante e executor. No entanto, manteve as demais qualificadoras em relação a todos os acusados;

- insatisfeitos com o resultado no Tribunal recorrido, os ora recorrentes agitaram recurso especial, por meio do qual foi demonstrada a violação ao art. 30 do Código Penal (princípio da incomunicabilidade).

Ocorre que, apesar dos argumentos dos recorrentes (agravantes), o nobre 3º Vice-Presidente não admitiu o recurso aviado, sob o fundamento de que há incidência da Súmula 7/STJ.

Todavia, com o devido respeito, o decisório recorrido equivocou-se ao supor que o referido recurso especial não teria condições de seguimento.

2. As teses recursais são as seguintes:

- a qualificadora de paga ou promessa de recompensa deve ser afastada com relação ao réu XXXXX (considerado intermediador), já que o mesmo também não percebeu nenhuma vantagem financeira com o crime;

- as demais qualificadoras (modo cruel e emboscada) devem ser afastadas com relação aos réus XXXXX e XXXXXX (considerado mandante e intermediador, respectivamente), já que as referidas qualificadoras, consideradas objetivas[67], "só se comunicam se entrarem na esfera de conhecimento dos participantes"[68].

---

67 Há 5 qualificadoras previstas para o crime de homicídio:
I - motivo torpe -> subjetiva;
II - motivo fútil -> subjetiva;
III - meio cruel -> objetiva;
IV - modo surpresa -> objetiva;
V - fim especial -> subjetiva.
Fonte: http://www.estudodirecionado.com/search/label/T%C3%B3picos%20de%20Direito%20Penal.

68 BITTENCOURT, César Roberto. Tratado de Direito Penal. Parte Geral. Volume 1. 14ª Edição. São Paulo: Saraiva. 2009. Págs. 467/468.

Afirmou a decisão agravada que:

> A qualificadora da promessa de recompensa em relação ao acusado XXXXX não pode ser apreciada pelo Tribunal Superior, tendo em vista a natureza fática da questão, visto ter restado afirmado no v. acórdão que "Existem todavia indícios de que houve promessa ou pagamento de recompensa em relação aos demais recorrentes" (fl. 499).
>
> [...] para aqueles que exigem o prévio conhecimento dos corréus a respeito da qualificadora para que possam comunicar-se, também não é matéria discutível no restrito campo deste apelo, ante a natureza fática da mesma. (fl. 583)

Acontece que as teses advogadas partiram da moldura fática traçada soberanamente pelas instâncias originárias.

Com efeito, infere-se da sentença que:

> [...] entre os dias 03 e 04 de janeiro do corrente ano, os denunciados XXXXXX e XXXXXX, utilizando-se de meio cruel, de recurso que tornou impossível a defesa da vítima e mediante promessa de recompensa por parte do denunciado XXXXXXX, com intermédio de XXXXXXX, fazendo uso de facas, desferiram vários golpes contra a vítima XXXXXXXXX, causando-lhe lesões gravíssimas (15 golpes de faca, causa eficiente de sua morte. (g.n. – fl. 327)

Como se vê, a própria sentença de pronúncia define bem os papéis dos acusados.

Logo, não há que se proceder a nenhuma incursão fática, para verificação de que:

> – o réu XXXXXX, atuando apenas como intermediador, não percebeu nenhuma vantagem financeira com o crime, o que afasta a qualificadora de paga ou promessa de recompensa;
>
> – nem sequer foi cogitado que os réus XXXXX e XXXXX tenham planejado ou concordado com o modo de execução do crime, restando caracterizada a hipótese de incomunicabilidade das circunstâncias.

Neste contexto, não há incidência da Súmula 7 do STJ.

3. Do exposto, pugna-se pelo conhecimento e provimento do presente agravo, a fim de que seja dado seguimento ao recurso especial obstado.

Belo Horizonte,

Luiz Fernando Valladão Nogueira - OAB/MG 47.254
Elisabeth França da Silva - OAB/MG 135946

10.6 AGRAVO INTERNO NO STJ

Exma. Sra. Ministra Laurita Vaz – DD. Relatora do Agravo em Recurso Especial nº

Origem: TJMG

> ***"A posse mansa e pacífica não se interrompe quando o possuidor direto propõe medidas judiciais contra o suposto turbador, especialmente se tais medidas de proteção são declaradas procedentes."***[69]

XXXXX, já qualificado nos autos do presente processo, no qual contende com **XXXXX**, vem, respeitosamente, perante V. Exa., por seus procuradores ***in fine*** assinados, interpor o presente ***agravo interno***, o que fazem com fulcro no **art. 1021 do CPC/15** e nas razões adiante aduzidas.

Egrégia Turma

1. Tempestividade.

Esclarece-se, de início, que a publicação da decisão monocrática se deu em **23/11/2016 (quarta-feira)**, de forma a estabelecer a data de **24/11/2016 (quinta-feira)** como *dies a quo.* Assim sendo, computando-se o prazo de **15 (quinze) dias úteis**, o *dies ad quem* para a interposição do agravo interno, a teor do que dispõe o **art. 1.021 c/c art. 1003 §5° do CPC/15**, é em **14/12/2016 (quarta-feira).**

2. A Decisão Recorrida.

Entendeu o d. ministro relator que não merece sequer conhecimento o agravo interposto pelo recorrente, porquanto ***"a parte agravante deixou de impugnar especificamente: súmula 83/STJ e razões dissociadas do acórdão recorrido."***

Ocorre que, com a devida *venia*, a decisão monocrática não pode subsistir.

---

[69] STJ - AR 3449 / GO – Min. Humberto Gomes de Barros – *DJ* 06/03/2008.

3. Impugnação quanto à Inaplicabilidade da Súmula 83/STJ.

Quanto à **Sumula 83/STJ**, o Tribunal de Destino apontou, na decisão monocrática, que ***"o Superior Tribunal de Justiça decidiu reiteradamente não haver jurisdição incompleta, mesmo diante de embargos declaratórios, se o argumento revela mera irresignação com a decisão e seus fundamentos."***

O verbete foi aplicado, então, no que concerne à tese de nulidade do acórdão, em razão dos vícios de omissão apontados pelo recorrente.

E tal argumento foi, sim, devidamente impugnado.

Sim, no agravo, o ora recorrente sustentou que, diferentemente do que entendeu o Eg. **TJMG**, as omissões sustentadas levam à nulidade do julgado e não se tratam de simples razões de inconformismo. Isto é, caso sanadas, **importantes e relevantes aspectos fáticos serão evidenciados**, proporcionando o correto desate da lide.

Veja-se:

> "Caso não se entenda que a matéria fática foi bem sedimentada, deve ser anulado o acórdão recorrido e supridas as quatro seguintes omissões:
>
> - A primeira delas decorre da não apreciação do verdadeiro cenário fático/probatório a respeito da simulação ocorrida na ação de despejo, (...)
> - A segunda omissão, por sua vez, refere-se à tese levantada em razões recursais no sentido que inexiste, in casu, efetiva e válida oposição à posse exercida pelo Hotel, (...)
> - A terceira refere-se a uma peculiaridade dos autos: a aparente interrupção da posse (presença de oficial de justiça para tirar o recorrente da área) foi tida como ilícita em ação possessória intentada pelo recorrente(...)
> - A quarta e última omissão trata da tese de que a posse exercida pelo recorrente era, sim, de boa fé, (...)."

Ou seja, ainda que não tenha sido dito, expressamente, que não incide a vedação da **súmula 83 STJ**, ao discorrer sobre as omissões contidas no v. acórdão, o recorrente demonstrou, sim, que o julgado é nulo e que as omissões não se tratam de ***"mera irresignação com a decisão e seus fundamentos."***

4. Impugnação quanto ao Argumento de que as *"razões são dissociadas do acórdão recorrido."*

Na decisão monocrática do Eg. **TJMG** constou que ***"a leitura do acórdão, em contraste com o arrazoado, deixa claro que o recurso trabalha sobre bases diversas daquelas assentadas pela decisão turmária, sendo que os argumentos postos resultam dessa distorção. Contudo, não se aplica o princípio iura novit curia às instâncias extraordinárias."***

Como se vê, ainda que de forma um pouco ambígua, o i. desembargador deu a entender que o obstáculo encontrado ao conhecimento do recurso especial repousa na utilização, pelo recorrente, de **moldura fática diferente daquela sedimentada pelo v. acórdão.**

Ora, ao afastar a incidência do princípio *iura novit curia,* o julgador quis dizer que a moldura fática sedimentada pelo tribunal de origem deve prevalecer, não sendo possível alterá-la em grau extraordinário.

E, tudo isto, nada mais representa do que a aplicação da **súmula 07 STJ**, a qual foi devidamente impugnada nas razões do agravo.

De fato, foi dito que ***"não houve violação à Súmula 07, porque o que se aventa são apenas teses jurídicas, baseadas na moldura fática traçada pelo próprio acórdão de origem, do qual é possível inferir o cerne da controvérsia."***

Assim, data maxima venia, o argumento referente à suposta **"dissociação das razões recursais"** ***<u>NÃO EXISTIU NA DECISÃO DO TRIBUNAL DE ORIGEM</u>***, pelo que realmente não merecia enfrentamento.

Então, conclui-se que todos os argumentos apontados pela decisão monocrática proferida pelo Eg. ***TJMG*** foram devidamente impugnadas, impondo o imediato conhecimento do recurso.

5. Considerações Derradeiras – A Relevância da Matéria e a Necessidade de Intervenção do C. STJ.

Por fim, mostra-se essencial demonstrar que as teses recursais estão em perfeita consonância com o entendimento desse C. STJ, o que justifica a intervenção dessa Corte no caso em apreço.

No v. acórdão foi reconhecido **o efetivo exercício da posse ao longo do tempo, para fins de usucapião**, tendo sido afastada a passividade da ocupação em razão de **suposta oposição judicial.**

E esta oposição judicial levou à desocupação do imóvel pelo recorrente **pelo prazo de uma semana apenas,** sendo que logo em seguida, **foi ajuizada ação de reintegração de posse pelo hotel, com PEDIDO JULGADO PROCEDENTE.**

Ou seja, logo após a desocupação, o possuidor retomou o imóvel, mediante a propositura de ação possessória bem sucedida.

Aplica-se, então, aqui, o entendimento pacífico desse **C. STJ** no sentido de que ***"a posse mansa e pacífica não se interrompe quando o possuidor direto propõe medidas judiciais contra o suposto turbador, especialmente se tais medidas de proteção são declaradas procedentes."***[70]

Esta simples constatação fática (**procedência de ação possessória**) basta ao afastamento da alegação de que houve interrupção da posse exercida pelos recorrentes, o que permite o acolhimento do pedido de usucapião.

Assim, observa-se que a tese recursal está em alinhamento ao que tem entendido este C. Tribunal, o que justifica sua imediata intervenção, para sanar as violações ocorridas em grau ordinário.

6. Pedido

Do exposto, pugna o agravante pelo conhecimento e provimento do presente *agravo interno*, para o fim de que, reformada a r. decisão atacada, seja conhecido e provido o recurso especial interposto.

P. j. aos autos.

B. Hte., novembro/2016

Luiz Fernando Valladão Nogueira - OAB/MG 47.254
Lucila Carvalho Valladão Nogueira - OAB/MG 134.774

[70] STJ - AR 3449 / GO – Min. Humberto Gomes de Barros – *DJ* 06/03/2008.

10.7 EMBARGOS DE DIVERGÊNCIA NO STJ

EXMO. SR. MINISTRO RICARDO VILAS BOAS CUEVA - DD. RELATOR DO RECURSO ESPECIAL Nº

3ª TURMA

XXXX, já qualificado nos autos do processo em epígrafe, no qual contende com XXXX, vem, respeitosamente, perante V. Exa., por seu procurador *in fine* assinado, opor os apropriados, tempestivos e preparados (guia de recolhimento das custas anexa)

EMBARGOS DE DIVERGÊNCIA

o que faz com fulcro no **art. 1043 CPC/15** e nos **arts. 266 e seguintes do Regimento Interno do STJ** e nas razões adiante produzidas.

EMINENTE MINISTRO RELATOR
EGRÉGIA 2ª SEÇÃO DO STJ

1. A Espécie e a Tempestividade

Cuida a espécie de "Ação Declaratória" ajuizada pela ora recorrida, representada por sua genitora, em face dos seus irmãos **XXXXX**, ora recorrente, e **XXXXX.**

É que, no ano de **1970**, os avós das partes (XXXXX) lavraram uma **escritura pública de doação**, na qual instituíram como donatários os seus netos já nascidos e aqueles que sobrevierem ao ato benéfico. À época, apenas os réus eram nascidos, sendo que a autora "veio ao mundo" muitos anos depois, em **19 de setembro de 1996.**

Na presente ação, ela pretende que seja declarada a **sua condição de donatária** em relação ao referido *Instrumento de Doação*. Questiona-se, então, a verdadeira intenção dos doadores e, ainda, a possibilidade jurídica de incluir, ou não, na doação, a ora recorrida.

Acolhendo a pretensão autoral, o d. magistrado de primeira instância julgou procedente o pedido ***"para declarar que a vontade dos doadores***

***XXXXXXXX é que são donatários todos os filhos de XXXXX, não fazendo distinção dos filhos nascidos ou não do casamento"*.**

Irresignados, os réus aviaram recurso de apelação, pretendendo a reforma integral da sentença. O Eg. **TJMG** negou provimento aos recursos.

Já perante esse C. **STJ**, a d. Terceira Turma, por maioria, negou provimento ao Recurso Especial, cujo entendimento foi ementado da seguinte forma:

> *"RECURSOS ESPECIAIS. AÇÃO DECLARATÓRIA. VIOLAÇÃO DE DISPOSITIVOS CONSTITUCIONAIS. NÃO CABIMENTO. NEGATIVA DE PRESTAÇÃO JURISDICIONAL. ART. 535 DO CPC. NÃO OCORRÊNCIA. PREQUESTIONAMENTO. AUSÊNCIA. SÚMULA Nº 211/STJ. REEXAME DE CLÁUSULAS CONTRATUAIS E DE PROVAS. INVIABILIDADE. SÚMULAS NºS 5 E 7/STJ. ANÁLISE DO CASO CONCRETO. ESCRITURA PÚBLICA DE DOAÇÃO. DOAÇÃO A PROLE EVENTUAL. INTENÇÃO DOS DOADORES. BENEFÍCIO DE TODOS OS NETOS INDISTINTAMENTE.*
>
> *1. Origem: Ação declaratória objetivando a interpretação de cláusula inserta em escritura pública de doação.*
>
> *2. Preliminares: 2.1. Inviabilidade de abertura da instância especial por ofensa a dispositivos constitucionais (artigos 5º, inciso XXXVI, da Constituição Federal atual e 167 da Constituição Federal de 1967). 2.2. Negativa de prestação jurisdicional afastada (artigo 535 do Código de Processo Civil). 2.3. Teses articuladas no recurso especial não prequestionadas (Súmulas nºs 211/STJ e 282/STF).*
>
> *3. Mérito: 3.1. Cinge-se a controvérsia a determinar se a doação aos netos dos doadores, ou seja, aos "filhos que sobreviessem" de um filho, é extensiva a todos os netos indistintamente, ou apenas àqueles nascidos na constância do casamento do filho com a nora, no momento em que lavrada a escritura de doação. 3.2. A pretensão recursal esbarra nas Súmulas nºs 5 e 7/STJ, pois envolve nova interpretação da cláusula contratual constante de escritura pública de doação. 3.3. Ainda que ultrapassados os óbices processuais, **a hipótese refere-se a doação a prole eventual, não se equiparando a doação em contemplação de casamento futuro, prevista no art. 1.173 do Código Civil de 1916. 3.4. Da análise das cláusulas contratuais e de todo o contexto fático e social, extrai-se que a real intenção dos doadores era beneficiar quaisquer netos que viessem a nascer. 3.5. A interpretação preconizada pelos recorrentes afronta o princípio da igualdade da filiação (artigo 227,***

> ***§ 6º, da Constituição Federal), estabelecendo flagrante discriminação entre os filhos, vedada pela atual ordem constitucional.*** *4. Conclusão: Recursos especiais não providos."*

Ante a existência de acórdão em **sentido diametralmente oposto** exarado pela **4ª Turma** desse **C. STJ**, fez-se oportuna a interposição dos presentes Embargos de Divergência, a fim de que a 2ª Seção desse Sodalício dê a palavra final a respeito do tema.

Na oportunidade, destaca-se que o presente recurso é **tempestivo**, eis que o acórdão embargado fora publicado no dia (quinta-feira), expirando-se, assim, o prazo de 15 dias para a interposição de Embargos de Divergência (**art. 1003 § 5º do CPC/15**), no dia (sexta-feira).

Ressalta-se, ainda, que o presente recurso encontra-se devidamente preparado, conforme se infere da guia de recolhimento nº ... e respectivo comprovante de seu pagamento, ambos em anexo.

2. O Entendimento do v. Acórdão e a Divergência Instaurada: Impossibilidade de Promessa de Doação.

Em um primeiro momento, haviam votado os ministros Sidnei Beneti e Paulo de Tarso Sanseverino pelo **provimento** do recurso especial interposto.

O argumento central do entendimento repousava na **inexistência de previsão legal** para a contemplação da autora como donatária do instrumento público ora em análise.

De fato, conforme constou no voto vencido, as únicas hipóteses de doação legalmente previstas são:

- Doação entre vivos, sujeita à aceitação do donatário (regra geral) - **art. 538 CC/02 e art. 1165 CC/16**;
- Doação para nascituros, sujeita à aceitação do representante legal - **art. 542 CC/02 e art. 1169 CC/16**;
- Doação à prole eventual, que seja fruto de casamento celebrado com pessoas certas e determinadas - **art. 546 CC/02 e art. 1173 CC/16.**

E, no caso em apreço, a situação da ora autora/recorrida não se subsume a **nenhuma** dessas hipóteses. Ora, ela ainda não era viva, ainda não havia sido concebida e, nem ao menos, houve previsão na escritura sobre o matrimônio entre seus genitores.

Quanto a não aplicação das duas primeiras hipóteses, muito bem ressaltou o ministro relator, no voto vencido:

> ***"Assim, a doação pressupõe, de regra, a existência de um donatário já identificado que possa não apenas receber a liberalidade em seu patrimônio, mas também manifestar o seu aceite diretamente ou por meio de um representante legal. Tendo em vista essas circunstâncias, é possível afirmar que o contrato em questão apenas se viabiliza, em princípio, entre pessoas vivas ou ao menos concebidas (nascituro)."***

E, ainda, quanto a terceira, completou no sentido de que, ***"se o artigo 1.173 do Código Civil de 1916, fundamento legal para a doação à prole futura, exige a especificação dos cônjuges ascendentes e se, no caso dos autos, não houve essa especificação com relação à genitora da Recorrida, isso é o que basta para se afirmar que ela, mesmo na condição de filha superveniente, não pode ser considerada donatária na modalidade tão excepcional da doação, como a do art. 1.173 do CC/1.916 (correspondente ao art. 546 do CC/02). A própria lei civil, em verdade, impedia, e ainda impede, que a obrigação decorrente da doação em questão seja interpretada ampliativamente do modo como pretendido na petição inicial da ação declaratória."***

Aconteceu que, suscitando divergência a este posicionamento, votaram os demais ministros no sentido de **negar-se** provimento ao recurso.

Para tanto, o voto que conduziu o julgado trouxe a inteligência de que, **mesmo a hipótese NÃO se encaixando à modalidade de doação à prole eventual**, ainda assim é possível conferir à recorrida a condição de donatária da escritura pública, sendo esta a verdadeira intenção dos doadores.

Consoante constou no voto, ***"analisando a escritura pública de doação de fls. 14-38 (e-STJ), percebe-se que o pacto ali convencionado em nada se assemelha à espécie de doação acima conceituada*** [doação à prole eventual, prevista no art. 546 CC/02]. (...) ***"nesse contexto, com a devida vênia, tenho que não se justifica a aplicação analógica do referido instituto previsto no artigo 1.173 do CCB/1916 ao caso concreto, de modo a restringir a livre pactuação onde o legislador não restringiu."***

E, mais a frente, completou dizendo que ***"o fato de não haver regulamentação em nossa legislação civil a respeito da doação a prole eventual***

- caso dos autos - não significa que ela seja vedada, tampouco autoriza a aplicação analógica de aspectos restritivos de outros institutos previstos pelo legislador para abarcar fatos da vida e atos jurídicos com particularidades bem definidas, como é o caso da doação em contemplação de casamento futuro com determinada pessoa."

Como se infere de tais trechos, foi expressamente afastada a incidência da norma legal que trata da **chamada doação à prole eventual.** Por decorrência lógica, considerando que é imprescindível a existência de respaldo legal nas decisões judiciais, conclui-se que **foram aplicadas, então, as normas referentes à REGRA GERAL DA DOAÇÃO.**

Ora, se não é modalidade de doação à prole eventual (que dispensa, excepcionalmente, a aceitação do próprio donatário, substituído pelos seus pais - **art. 542 CC**[71]), o entendimento deve seguir as regras gerais da doação - **art. 539 CC.**

Contudo, mesmo assim não seria possível reconhecer a condição de donatária da autora, ora recorrida.

É que tal dispositivo exige, para a validade da doação, **a aceitação** pelo donatário - ***animus donum accipiendi*** e a **intenção** expressa de doar, no momento do negócio jurídico - ***animus donandi.***

De fato, entende esse C. **STJ** que "***a doação, sendo um contrato, depende, para que se conclua, da aceitação do donatário.***"[72]

A existência de tais pressupostos para a validade da doação é que ensejou o pacífico entendimento pretoriano sobre a impossibilidade da chamada "**promessa de doação**".

E é neste particular que o entendimento proferido está em flagrante divergência com outro julgado **do STJ**.

Para fins de cotejo analítico, será utilizado como paradigma o acórdão proferido pela **4ª Turma desse C. STJ** no julgamento do **Recurso Especial nº 730626**, de relatoria do Min. Jorge Scartezzini e publicado no DJe em 04/12/2006.

Em tal ocasião, entendeu-se que "***inviável juridicamente a promessa de doação ante a impossibilidade de se harmonizar a exigibilidade***

[71] Art. 542. A doação feita ao nascituro valerá, sendo aceita pelo seu representante legal.

[72] REsp 12462 / MT - Min. Eduardo Ribeiro.

contratual e a espontaneidade, característica do animus donandi. Admitir a promessa de doação equivale a concluir pela possibilidade de uma doação coativa, incompatível, por definição, com um ato de liberalidade."[73]

O escopo do entendimento adotado é o de proteger e respeitar a vontade do autor **no momento do ato de liberalidade**. Isto é, em sendo contrato benéfico, em que apenas uma das partes suporta ônus, é assegurado-lhe o direito de arrependimento posterior. Mesmo após a **manifestação de vontade de doar**, ele não está vinculado a cumpri-la.

Sob o viés jurídico e partindo dessa natureza peculiar do contrato de doação, o julgado traz a ideia de que o **aperfeiçoamento** da doação pressupõe **a efetiva transferência** do bem ou do direito objeto do contrato. Caso contrário, a simples promessa de, no futuro, doar bens a terceiros, **é apenas um contrato preliminar**, sem qualquer valor coativo.

Retira-se do acórdão que, ***"de ímpeto, seria possível afirmar que não há empecilho a que uma pessoa capaz celebre um contrato preliminar pelo qual se compromete a no futuro firmar um contrato de doação. Todavia, tal conclusão apriorística se olvida de elemento essencial da doação, o animus donandi."***

Ou seja, será inexigível a simples promessa de doação porque a transferência do bem ou do direito (que será em momento posterior) não se dará à época da manifestação da vontade de doar. Sim, ***"a atualidade na manifestação da vontade de bem fazer é conditio sine qua non ao contrato de doação."***

E foi exatamente isto que se deu *in casu* e, também, no julgado paradigma.

De fato, como se infere da própria moldura fática delineada pela **3ª Turma**, no ano de 1970, os avós das partes celebraram escritura pública de doação em benefício dos netos, conferindo-lhes a propriedade de determinados imóveis.

Contudo, em relação à autora, considerando que ela sequer era nascida à época, é evidente que, no momento da lavratura do ato eles não tinham a intenção de doar a ela, **não houve, a bem da verdade, atualidade do**

---

[73] REsp 730626 (2005/0034270-1 - 04/12/2006) – Min. Jorge Scartezzini – 4ª Turma.

animus donandi. E, mais, também porque ainda não existia, não houve a imediata **transferência dos bens** e a sua **necessária aceitação.**

Por esses motivos, se a doação não se consumou naquele ato, conforme ocorreu com os ora recorrentes, conclui-se que a declaração dos avós, no tocante à recorrida, **não passou de MERA PROMESSA DE DOAÇÃO, QUE É INEXIGÍVEL.**

Da mesma forma, a questão discutida pelo acórdão paradigma também girava em torno da possibilidade de ser exigido o *"contrato de futura de doação"*:

> ***"Verifica-se, em verdade, que o objeto central da avença firmada entre as partes é a realização de futuro contrato, este principal, de doação. Logo, o acerto que move a presente ação de cobrança é contrato preliminar ou pré-contrato, o que se convencionou nominar no direito luso de "contrato-promessa", vez que seu maior objetivo é obrigar uma das partes, observados determinados pressupostos, a celebrar o contrato principal de doação. O réu-recorrente não doou algo, instrumentalizou a intenção de no futuro entregar parcela do imóvel ou percentual do que viesse a obter com seu aproveitamento ou utilização. O que é a intenção de no futuro doar, se não uma promessa."***

Perceba-se que ambos os casos encerram a mesma questão jurídica: na hipótese *sub judice* admitiu-se a vontade do doador em contemplar a autora **não obstante a inexistência de aceitação e de atualidade da manifestação do *animus donandi*** (ela sequer existia no momento da liberalidade).

Por outro lado, no caso paradigma, a d. 4ª Turma do C. **STJ** entendeu pela impossibilidade de exigir o cumprimento forçado de promessa de doação.

Salta aos olhos, portanto, que, naquilo que interessa ao presente recurso, a questão jurídica debatida em ambos os casos é exatamente a mesma:

- **É possível a doação sem aceitação do donatário e sem a contemporaneidade do *animus donandi*? É possível a promessa de doação?**

Diante de tal tema jurídico, no entanto, as duas Turmas de direito privado do c. **STJ** apresentam posicionamentos absolutamente discrepantes, o que, nos termos do **art. 1043 do CPC e 266 do RISTJ**, torna embargável a decisão proferida no caso em apreço.

Esclarece o recorrente, por fim, que o aresto paradigma (cópia integral anexa), colhido do site ***www.stj.jus.br***, tem sua autenticidade ora declarada pelo procurador signatário desta peça recursal, sob sua responsabilidade pessoal.

3. A Necessária Prevalência do Entendimento da 4ª Turma

Demonstrada, por meio do devido cotejo analítico, a existência de divergência apta a embasar a interposição e conhecimento do presente recurso, cumpre agora evidenciar as razões pelas quais deve prevalecer o entendimento emanado da 4ª Turma.

Da leitura do acórdão ora recorrido, é possível verificar que a discussão central é sobre a **real intenção** dos doadores e, ainda, sobre a **possibilidade jurídica** da autora, ora recorrida, ser reconhecida como donatária do instrumento público lavrado em 1970.

A análise deve partir das seguintes premissas fáticas:

a) A Escritura Pública de Doação foi lavrada e aperfeiçoada em **1970**, quando apenas os recorrentes eram nascidos;

b) A autora/recorrida nasceu tão somente em **1996**, quando já concluída a transferência dos bens doados;

c) Em razão da sua própria inexistência, a autora não aceitou a doação.

Constou no relatório do julgado, sobre os contornos fáticos da lide:

> ***" ..., ora Recorrida, nascida em 19.9.1996, filha havida de união estável estabelecida após a separação do seu genitor, moveu ação declaratória, julgada procedente em ambas as instâncias pela Justiça Estadual de Minas Gerais, contra os irmãos, ora recorrentes, ..., nascidos, estes, na constância do casamento antecedente. Pediu a autora o recebimento, como os irmãos acionados, de imóvel, doado pelos avós paternos, por escritura pública de 10.1.1970, com fundamento no CC/1916, art. 1173 (idêntico ao CC/2002, art. 546)."***

Delimitados os dados essenciais ao julgamento, importante ressaltar que, como dito pelo d. ministro relator, a questão debatida nos autos diz respeito **à natureza do contrato de doação**, não perpassando sobre as questões constitucionais de direito de família, como fez o voto condutor do julgado ora impugnado.

Isso porque, antes mesmo de analisar a real intenção dos doadores, era necessário verificar **a validade** deste contrato de doação em relação à autora, o que não foi feito. E, como será demonstrado, seque era possível, juridicamente, reconhecer o direito pleiteado pela suposta donatária.

Pois bem, muito embora já tenha sido objeto de discussão, a doação hoje é considerada uma modalidade de **contrato (art. 538 CC)**[74], sendo certo que apenas se aperfeiçoa quando há a **aceitação** do donatário, configurando a necessária bilateralidade.

Nesse sentido, o min. João Otávio Noronha, reportando-se às lições de Hely Lopes Meireles, já consignou que ***"doação é o contrato pelo qual uma pessoa (doador), por liberalidade, transfere um bem do seu patrimônio para o de outra (donatário), que o aceita (Código Civil, art. 1.165). É contrato civil, e não administrativo, fundado na liberalidade do doador, embora possa ser com encargos para o donatário. A DOAÇÃO SÓ SE APERFEIÇOA COM A ACEITAÇÃO DO DONATÁRIO, SEJA PURA OU COM ENCARGO."***[75]

Além da aceitação do donatário (dispensada apenas em hipóteses legais específicas), também se mostra essencial **a verificação do *animus donandi*** na ocasião da doação, ou seja, a intenção do doador de desfazer-se daquele bem/direito em favor do beneficiário, naquele momento.

Isto também já foi objeto de apreciação por esse **STJ**, como se viu do paradigma apontado no item anterior.

De fato, ***"se não há espontaneidade no ato de doar no momento da celebração do contrato definitivo, não pode ocorrer o contrato. A existência de um contrato preliminar de doação é despicienda quando o doador no momento do ajuste definitivo já não possui disposição resoluta de doar. A atualidade do animus donandi é basilar à efetivação da doação."***

74 Art. 538. Considera-se doação o contrato em que uma pessoa, por liberalidade, transfere do seu patrimônio bens ou vantagens para o de outra.

75 RECURSO ESPECIAL Nº 231.945 - SP (1999/0085831-0) – *DJ* 03/08/2006.

Tal entendimento, sem dúvida, privilegia e protege o doador, de tal forma que o ato benéfico não atinja amplitude indesejada e fora daquilo que, de fato, inicialmente era esperado.

Esta exegese justifica o não cabimento da chamada **"promessa de doação"**, pois, como visto no acórdão paradigma, neste caso, a manifestação da vontade de doar não seria contemporânea à efetiva transferência do bem ou do direito. E, por assim ser, torna-se inexigível aquilo que consta em contratos que apenas garantem futura doação.

No caso em apreço, como se deduz da simples leitura do acórdão, **a recorrida ainda não era nascida** à época da lavratura da escritura pública de doação, motivo pelo qual não foi possível **manifestar seu aceite** e, nem ao menos, **receber o direito ou o bem, naquele momento.**

Então, para a recorrida, na verdade, esta escritura representou apenas ***"promessa de futura doação"***, em razão da própria ordem cronológica dos acontecimentos. E, como visto no acórdão paradigma, esta promessa **não pode ser exigida, já que não corresponde à atual vontade do doador**!

Ora, é certo que a intenção do doador, à época da lavratura da escritura, era beneficiar todos os netos. Mas, agora, após seu falecimento, não é possível presumir que, caso vivo estivesse, permaneceria esta vontade de doação.

Não há espontaneidade e, nem ao menos, atualidade da manifestação do *animus donandi*, o que basta para impedir o reconhecimento da recorrida como donatária. Não há, a bem da verdade, qualquer embasamento jurídico e legal para amparar esta pretensão.

Assim, da mesma forma como foi feito no julgado ora trazido como exemplar, deveria ter sido julgado improcedente o pedido da autora, não a reconhecendo como donatária de instrumento de procuração firmado muitos anos antes de seu nascimento.

Dito isso, espera-se o conhecimento e provimento dos presentes Embargos de Divergência, para que a colenda **2ª Seção do Superior Tribunal de Justiça,** firmando seu entendimento conforme a tese defendida neste recurso, reforme a decisão embargada.

4. DO PEDIDO

Do exposto, pugna-se pela admissão dos presentes embargos, os quais deverão ser **providos**, para reformar o entendimento manifestado e dar provimento ao recurso especial interposto, o que, fatalmente, acarretará a improcedência da pretensão autoral.

P.J. aos autos.

Belo Horizonte,

Luiz Fernando Valladão Nogueira - OAB/MG 47.254
Lucila Carvalho Valladão Nogueira - OAB/MG 134.774

10.8 EMBARGOS DECLARATÓRIOS COM PEDIDO DE EFEITO INFRINGENTE E COM PROPÓSITO DE PREQUESTIONAMENTO

EXMO. SR. DESEMBARGADOR ----- - DD. RELATOR DO AGRAVO DE INSTRUMENTO Nº -----

Comarca –

ª Câmara Cível

TJMG –

Contém requerimento para juntada das notas taquigráficas (Sessão de 01/12/2016)

——, já qualificado nos autos do processo em epígrafe, em que contende com ----, irresignado com os termos do v. acórdão de fls. 252/255v., opor-lhe os apropriados e tempestivos (*dies a quo:* 07/12/2016 – *dies ad quem:* 16/12/2016) **embargos declaratórios**, o que fazem com fulcro no **art. 1022 CPC/15** e nas razões adiante produzidas.

1. *Data maxima venia*, o v. acórdão padece de duas omissões.

2. É que a Turma Julgadora decidiu negar provimento ao recurso, sob o fundamento de que:

> Nos termos do art. 300, do novo CPC, (Lei 13.105/15), a tutela de urgência será concedida quando houver elementos que evidenciem a probabilidade do direito e o perigo de dano ou o risco de resultado útil do processo.
>
> Presentes os elementos que evidenciem a probabilidade de direito de que a parte requerente da tutela antecipada detém, e sendo o direito capaz de ensejar o deferimento da medida demonstrado por meio do conjunto probatório, deve ser negado provimento ao agravo de instrumento, mantendo a tutela antecipada deferida em primeiro grau. (fl. 252)

Acontece que o mesmo código processual civil disciplina que:

> Art. 300 – §3º – A tutela de urgência de natureza antecipada não será concedida quando houver perigo de irreversibilidade dos efeitos da decisão.

Pois bem, no caso em tela, argumentou o agravante/embargante que:

> Na verdade, quem está correndo grave risco, caso o muro não seja refeito, imediatamente, é o agravante e a família que reside no imóvel superior.
>
> E, como é cediço, "*quando a concessão da tutela antecipada puder acarretar o risco de dano irreparável inverso (periculum in mora inverso), deve-se exercer um cuidadoso juízo de proporcionalidade, porquanto há liminares que eventualmente podem causar prejuízos maiores que aqueles que visam evitar*"[76].
>
> Daí a necessidade de reforma da decisão agravada, para que seja liberada a reconstrução do muro, uma vez que, conforme exposto, tal obra não interferirá, em nada, na situação fática do imóvel dos agravados. Mas, por outro lado, a prevalecer o óbice, corre-se grave risco de desmoronamento total do galpão do agravante, bem como da residência superior.

Entretanto, tal aspecto não foi observado pelo douto colegiado.

Daí a **primeira omissão**.

3. A **segunda omissão** decorre da inobservância de arguição lançada na tribuna.

Antes de adentrar ao vício propriamente dito, requer o embargante sejam juntadas aos autos **as notas taquigráficas** referentes ao julgamento ocorrido na sessão do dia **01/12/2016**, dessa Eg. 14ª Câmara Cível.

É que os pontos arguidos a tempo e modo, **por meio de sustentação oral realizada em sessão pública de julgamento**, merecem enfrentamento detido pelo órgão julgador, eis que tal expediente é expressamente previsto pela lei processual, no **art. 937 do CPC/15.**

E, em situações dessa natureza, nas quais a d. Turma não enfrenta questão suscitada oralmente da tribuna, ***"pode o advogado requerer ao presidente da Câmara ou Turma que lhe faça integrar as notas taquigráficas ou certidão que comprove a arguição no plenário"***[77], pois ***"tal procedimento se coaduna com a publicidade dos atos processuais (art. 155,***

---

[76] TJMG - Apelação Cível nº 1.0555.14.000258-8/001 - Rel. Des. Versiani Pena - *DJ* 16/06/2014.

[77] Advocacia nos Tribunais - Homenagem a Aristóteles Atheniense, texto Sustentação Oral - Aspectos Legais e Práticos, Luiz Fernando Valladão Nogueira, Ed. Del Rey, pg. 63.

CPC,[78] e art. 93, inciso IX, CF) e com o direito da parte de ter certidão sobre qualquer ato ou termo do processo (Art. 141, inciso V, do CPC[79])"[80].

Neste contexto, ***"havendo arguição da tribuna e estando ausente o seu enfrentamento pelo tribunal, deverá a parte obter comprovação sobre esta circunstância e aforar os competentes embargos declaratórios"[81].***

Com efeito, sustentou-se da tribuna a nulidade da decisão agravada em razão da sua imprecisão, matéria esta que poderia ser conhecida, inclusive, de ofício.

De fato, consta do decisório hostilizado que:

> [...] determino que os Réus se abstenham de promover qualquer obra ou reforma que implique em prejuízo ao imóvel dos Autores, sob pena de multa diária, no importe de R$ 1.000,00 (um mil reais) limitada a R$ 100.000 (cem mil reais). (fl. 64v.)

Ora, diante destes termos, o agravante/embargante não sabe o que fazer, pois qualquer obra que realize, ainda que para salvaguardar a vida dos próprios vizinhos que correm risco, poderá ser acusado de desobedecer a decisão e arcar com multa.

Neste contexto, competia ao Tribunal detectar a nulidade (ausência de precisão) e, valendo-se dos **arts. 938 § 1º e 1013 § 3º inc. IV CPC/15** (o último aplicado subsidiariamente ao caso de agravo)[82], completar a decisão

---

[78] Que corresponde ao atual art. 189 do CPC/15.

[79] Que corresponde ao atual art. 152, inciso V do CPC/15.

[80] *Idem.*

[81] *Idem.*

[82] Não obstante o art. 1.013 do CPC/2015 faça menção expressamente à apelação, entendo ser o referido dispositivo aplicável ao agravo de instrumento, em razão do efeito devolutivo que lhe é inerente e dos princípios da celeridade e efetividade processuais. Nesse sentido, elucidam Fredie Didier Jr. e Leonardo Carneiro da Cunha:
Embora o art. 1.013 esteja no capítulo destinado à apelação, ele contém regras gerais sobre o efeito devolutivo que se aplicam a todos os recursos que não tenham limitação de devolutividade nem restrição cognitiva. Por não haver qualquer limitação no efeito devolutivo do agravo de instrumento que implique restrição cognitiva ao tribunal, tal dispositivo é-lhe plenamente aplicável. Destaca-se particularmente a aplicação ao agravo de instrumento do art. § 3º do art. 1.013 do CPC. Assim, se, por exemplo, a decisão agravada não está devidamente fundamentada, o tribunal pode suprir o vício: concordando com a conclusão a que chegou o juiz, pode manter a decisão, apresentando a fundamentação que lhe faltava. (...)

e fixar o que pode e o que não pode fazer o agravante/embargante, considerados os riscos que a situação atual está acarretando.

E, caso o entendimento fosse de que o Tribunal não pode completar a decisão, deveria anulá-la e impor ao juiz a complementação.

4. De todo o exposto, o embargante requer:

- o acolhimento dos presentes embargos declaratórios, com atribuição de efeito modificativo para que:
- seja dado provimento ao agravo para cassar a decisão que concedeu a liminar, em razão da apontada irreversibilidade do dano (**art. 300 § 3º CPC/15**);
- alternativamente, seja complementada a decisão, para delimitar o alcance da determinação de não realização das obras pelo agravante/embargante;
- ou, ainda, que a decisão seja anulada, impondo-se ao juízo primevo sua complementação.
- que sejam esclarecidas as omissões apontadas, satisfazendo-se, assim, à completa prestação jurisdicional e ao pressuposto recursal do prequestionamento.

P. j. aos autos.

Belo Horizonte, ---

Luiz Fernando Valladão Nogueira - OAB/MG 47254
Elisabeth França da Silva - OAB/MG 135946

Enfim, o § 3º do art. 1013 do CPC é aplicável por analogia ao agravo de instrumento, desde que presentes os pressupostos para sua incidência (Curso de Direito Processual Civil: o processo civil nos tribunais, recursos, ações de competência originária de tribunal e querela nullitatis, incidentes de competência originária de tribunal. 13. ed. Salvador: JusPodvim, 2016, v. 3, p. 241/242) (Destaques meus). No caso dos autos, a meu sentir, esta instância revisora poderá suprir o vício de fundamentação da decisão recorrida, pois o feito encontrase instruído com os elementos de prova documental necessários para a apreciação do pedido formulado pelo Parquet de "transferência do paciente para outra clínica de referência próxima ao Município de Muriaé" (f. 14-TJ). Com tais considerações, acompanho a e. Relatora para CASSAR A DECISÃO, mas, renovando vênias, voto pelo suprimento do vício de fundamentação, com a análise fundamentada do pedido do Parquet, por esta instância revisora, nos termos do art. 1.013, § 3º, do CPC/2015. (TJMG - Agravo de Instrumento nº 1.0439.14.011742-5/003 - Rel. Des. Lílian Maciel Santos - *DJ* 11/10/2016)

REFERÊNCIAS

MADOZ, Wagner Amorim. Recurso extraordinário pela alínea "a". *In*: NERY JÚNIOR, Nelson; WAMBIER, Teresa Arruda Alvim (Coord.). *Aspectos polêmicos e atuais dos recursos cíveis*. São Paulo: RT, 2006, v. 9.

MEDINA, José Miguel Garcia. *O prequestionamento nos recursos extraordinário e especial*. 4. ed. São Paulo: RT, 2005.

MONTEIRO, Samuel. *Recurso especial e extraordinário*. São Paulo: Hemus, 1992.

NERY JÚNIOR, Nelson. *Código de Processo Civil comentado e legislação extravagante*. 9. ed. São Paulo: RT, 2006.

NERY JÚNIOR, Nelson. *Teoria geral dos recursos*. 6. ed. São Paulo: RT, 2004.

NOGUEIRA, Luiz Fernando Valladão. *Recursos e Procedimentos nos Tribunais no novo CPC*. 2. ed. Belo Horizonte: D'Plácido, 2016.

NOGUEIRA, Luiz Fernando Valladão (Coord.). *Paternidade e Alimentos*. Belo Horizonte: Del Rey, 2012.

SARAIVA, José. *Recurso especial e o STJ*. São Paulo: Saraiva, 2002.

SOUZA, Bernardo Pimentel. *Introdução aos recursos cíveis e à ação rescisória*. 3. ed. São Paulo: Saraiva, 2004.

TEIXEIRA, Sálvio de Figueiredo. *Recursos no Superior Tribunal de Justiça*. São Paulo: Saraiva, 1991.

THEODORO JR., Humberto. *Curso de direito processual civil*. 3. ed. Rio de Janeiro: Forense, 1987.